福祉経営選書 3

民生委員・児童委員の自己研修テキスト

―相談・支援の効果的な進め方―

目次

◎カバーデザイン／高岡素子

第1部

社会福祉の基礎知識

第1章 社会福祉の理念と歴史

1節　福祉とは何か

（1）福祉の対象者

かつて福祉の対象者は、自立することができない貧しい人々でした。貧困に陥った人々を救済することが福祉の目的だったのです。しかし、高度に発展した現代社会は複雑な環境を生み出し、単なる貧困だけではない、さまざまな問題を生じさせています。

お年寄りの中には年金や介護などに不安を感じる方も多く、長生きすることが必ずしも幸せではなくなってきました。労働者は肉体よりも精神を酷使するようになり、過労やうつ病などの労働災害が増加しています。家庭の機能は低下し、子育てや介護、家事のストレスに悩む女性も多くみられます。子どもたちさえもストレスにさらされ、虐待、いじめ、不登校や心の病など多くの課題を抱えています。障害がある人が社会参加しようとすると、社会的援助の制度が整っていないため困難が伴うのが現実です。

現代とは、全ての人にとって生き難い時代なのかもしれません。いくら経済が発展し、機械やコンピュータが進歩したとしても、そこで生きる人間が幸福でなければ、むなしい進歩ではないでしょうか。人は皆、基本的人権のもとに一人ひとりが個人として尊重されなければならないはずです。その実現のためにも福祉の充実が望まれます。

（2）社会福祉とは

　現代の福祉は、社会の全ての人々が幸福で安定した生活を営むことを目的としています。したがって社会福祉というのは、個人や家族だけでは解決することのできない生活上の問題や課題を解決していくことを目的に、住民自身による相互扶助や援助活動、住民の生活を支えることを目的にした政策・制度などを社会的に行う取り組みの総称といえます。

　日本国憲法第二五条には「すべて国民は健康で文化的な最低限度の生活を営む権利を有する」とあります。これは国民の生存権を保障したもので、この考え方が社会福祉の基礎となっています。

　社会福祉の対象は個人ということになりますが、むしろ考え方としては、個人と社会制度の間に取り結ぶ「社会関係の主体的側面の欠如」（社会関係の不調和、社会関係の欠如、社会関係の欠陥）であり、社会福祉はこれらを調整する機能の体系と捉えることができます。弱者あるいは保護対象としての人間から、主体としての人間という視点に立って生活を築いていくように考えていくことが大事です。

　まず第一には「基本的欲求を充足する」ということがあります。つまり睡眠、食事、排泄などの生命を維持するための必要条件を満たすことです。従来の福祉の領域では、身体的、精神的、経済的、社会的にハンディキャップのある人たちに対して、こういった部分での援助を行ってきました。でもそれだけではありません。教育や社会参加、文化や娯楽の機会を得ることも必要なことです。そしてまた人間にとっては、基本的欲求や社会生活の基本を満たしていたとしても、それが自分自身の欲求であり、自分自身で考えて行っているということが大切です。生活を自分で作ってより良い自分に向上していくために自分で決定していく（自己実現）ように支えていくことが福祉に求められています。

２節　時代区分による日本の社会事業史（社会福祉戦前史）

（１）古代

①皇室による救済

飛鳥時代から平安時代の日本は、天皇を中心とする政治体制でした。そこでは、皇室や朝廷を中心とした公的救済が行われていました。しかし、皇室による救済事業は、政策的な意味合いが強いものでした。つまり、「天皇の恩恵を人々に示す」という目的があり、純粋に苦しんでいる人々のためだとはいえない部分がありました。

［賑給《しんきゅう》制度］

律令制国家の大事や慶事（天皇の即位など）のとき、または天災や疫病流行のときに、米、塩、布帛、衣料を貧窮民に支給しました。また、稲の貸し出しも行われました。

［備荒制度］

天地異変などの際、食糧を蓄えるための制度として七〇二年から始まりました。毎年農民に一定量の穀物を納めさせ、倉庫にそれを貯蔵したため、人々にとっては大きな負担にもなりました。

②公的救済の始まり

七一八年には「戸令《こりょう》」という法律が定められ、六一歳以上で妻のない男性、五〇歳以上で夫のない女性、一六歳以下で父のない子どもなどが、救済の対象として挙げられています。しかし、救済はあくまで近親者がすべきであり、それができない場合は村で、それも不可能な場合のみ、国家による救済が行われました。

③仏教による慈善

［聖徳太子の慈善救済］

五九三年、聖徳太子によって建立された「四箇院」（悲田院、敬田院、施薬院、療病院）は、日本の施設福祉のあけぼのだといえるでしょう。同時に、これは皇室の権力の強化を含めた仏教的慈善の救済活動という意味も持っていました。

［行基《ぎょうき》による実践］

行基は奈良時代の僧で、河川に橋を架けたり、土地を開墾して水田を作ったり、積極的に社会事業に努めました。また、病人や貧民の為に布施屋という宿泊施設を設けたのですが、朝廷からは弾圧されました。

［光明皇后の仏教慈善］

光明皇后は奈良時代の聖武天皇の皇后で、厚く仏教を信仰していました。仏教思想に基づき、七三〇年に施薬院（病人に薬を与える施設）と悲田院（孤児、貧窮者の施設）を建立しました。

（２）中世

①大名や武将による救済

鎌倉時代から室町時代の救済事業は、「国家レベル」ではなく、「領主大名の領土」のみであり、大名が自らの領土に住む人々の生活の安定を目的として行われました。例外的に国の事業として行われたものに、源頼朝による凶作時の窮民の救済（一一八九年）や、鎌倉幕府による賑給、徳政令などが挙げられます。

［北条泰時・時頼の私的慈善事業］

北条泰時は鎌倉幕府第三代執権であり、北条時頼は第五代執権です。二人は、天災での大飢饉や物価暴騰での困窮に対し、積極的に貧窮民を救済しています。

［上杉謙信・武田信玄の慈善事業］

戦国時代には、自らの領土内に住む人々の生活を安定させるため、慈善救済に熱心な大名も少なくありませんでした。その中でも、上杉謙信は凶作の年は税を軽減して貧窮者を救済し、武田信玄は積極的に治水事業を行いました。

②仏教による慈善

鎌倉期には仏教が広く普及し、さまざまな宗派が生まれました。明恵・重源・叡尊・忍性などの僧は、仏による慈悲の教えに基づき、各地で慈善活動に励みました。

③キリスト教による慈善

一五四九年、イエズス会のフランシスコ・ザビエルが鹿児島に到着し、キリスト教の伝道を始めました。布教と共に始められた慈善事業は、キリスト教徒だけでなく、一般の人々も救済の対象となりました。キリスト教徒は迫害を受けながらも、貧窮者、病人、孤児や夫を亡くした女性など、幅広い人々を対象に救済を行いました。中でも、孤児院、療病院を開設したルイス・アルメーダの慈善活動が有名です。

④人々の自衛的相互扶助

鎌倉・室町時代の農民は、幕府や領主に対抗するために「惣《そう》」という自治組織を作り、連携を強めました。これにより、「お互いの助け合い」である相互扶助の精神が根付いていきましたが、同時に『ウチ・ソト』の壁が生まれ、他の村を排除する差別意識が生まれてきました。

［講］

人々が、経済面で相互扶助をする目的で集まった団体で、村のみならず都市でも盛んでした。

（3）近世

①村落共同体による相互扶助

江戸時代は徳川幕府による強力な幕藩体制が行われましたが、人々の暮らしは貧しく、口減らしのための「間引き」が行われることも少なくありませんでした。人々は、「一個人」ではなく『イエ・ムラ』の関係の中で生活をし、労力・貨幣・財物を共同で融通し合う相互扶助が盛んになりました。しかし、ひとたび村のおきてに背けば、村八分になり、相互扶助の関係からはじかれてしまいました。

［結《ゆい》・もやい］

『結』は、農村で田植えや稲刈りなどの際、『もやい（催合）』は、漁村で網曳きなどの際、お互いに無償で労働力を提供しあうシステムです。

②幕府による救済政策

江戸幕府は、儒教に基づく『仁政』を幕府の基本倫理としていました。ところが、江戸時代中期以降、天災や飢饉が続いたこともあり、貧窮民が続出してしまいました。特に大都市の江戸には浮浪者が集まり、治安は低下していきました。そこで幕府は、治安安定や貧窮民、浮浪者救済を目指した政策を行いました。

[五人組制度]

一六二三年、幕府が作らせた庶民の自治組織。五戸を一組として、防犯、納税などを連帯責任とし、住民の相互扶助を強要しました。

[享保の改革]

八代将軍・徳川吉宗は、目安箱を設置して人々の投書を募りました。それら投書の意見を採用して、小石川療養所を開設し、貧困な病人の救済を行うようになりました。これは行政が設立した最初の病院として知られています。

[寛政の改革]

老中・松平定信による改革で、農村の復旧を目指し帰農政策を推し進めました。また、浮浪者や引取り手のない刑期満了者の収容施設として、江戸の石川島に人足寄場を設立しました。

[天保の改革]

老中・水野忠邦による改革で、貧窮民の救済を目的とする「御救小屋」を開設しました。また、都市の浮浪者を農村に帰すために「人返しの法」を定めましたが、幕藩体制末期のため効果は薄かったようです。

③藩の名君による救済

赤字財政の諸藩の中でも、積極的な政治改革と福祉政策を行った名君がいました。備前・岡山藩主の池田光政は、農業改良、天災や飢饉に遭った藩民の救済に力を注ぎました。加賀藩主の前田綱紀は、高齢者への社会事業としては先駆的な「養老の制」を創り、救貧事業を行いました。米沢藩主の上杉治憲は、凶作に備えて食糧の備蓄を充実させ、同時に、殖産や農村改革を進めました。

④思想家・学者による慈善救済

儒者や思想家がさまざまな救済論を述べました。特に陽明学者の大塩平八郎は、天保年間の大飢饉の際、窮民救済を訴えて兵を挙げましたが、一日で鎮圧されました。また二宮尊徳は倹約と農業改善を説き、これは各地で実行されました。

(4) 近・現代

①恤救規則《じゅつきゅう》にみる私的救済依存の政策

明治時代になると、政府による近代国家の整備が急激に進められました。その中で、政府による救済制度は「恤救規則」といわれる制度です。これは、家族と住民同士の人情によって貧窮者を救済せよ、というもので、近代的な救済扶助制度とは言い難いものでした。

②都市下層社会の救済問題とセツルメント

明治以後、都市では「貧民窟」と呼ばれる下層社会ができ、社会問題となっていましたが、政府の積極的な福祉政策はありませんでした。この頃は民間の社会福祉慈善事業のセツルメント（貧しい人が多く住む区域に定住し、住民と親しく触れ合ってその生活の向上に努める社会運動。また、そのための宿泊所・授産所・託児所などの設備）活動が中心で、これらの実践家の多くは、海外の実践活動を学んだキリスト教徒でした。

［片山潜《かたやません》］

片山潜は明治から昭和初期の労働運動家で、「キングスレー館」というセツルメントを開き、キリスト教に基づく救済事業を始めました。

［石井十次《いしいじゅうじ》］

石井十次は、後に児童養護施設のモデルともなった「岡山孤児院」を開設しました。組織的な経営をし、その理論『小舎制』『里親委託』『実業教育』の実践の中で、多くの孤児を救いました。

［留岡幸助《とめおかこうすけ》］

留岡幸助は、非行少年の感化事業として「家庭学校」という施設を東京と北海道に設立しました。大自然に学ぶ労作教育の立場を取り、非行少年の救済と教育に貢献しました。

③天皇家・皇族による感化救済

明治以後の社会福祉にとって、皇室から頂く下賜金は経済的に大きな意義がありました。さらに、天皇家・皇族が福祉に対して理解し協力することは、国民にとって精神的教化としての意義がありました。また、福祉施設が広く認知されたのも、天皇家や皇族の協力の賜物だといえるでしょう。

④社会事業と労働問題の分岐

それまで貧困と労働問題は同一次元でしたが、大正時代にデモクラシーの風潮と共に、労働運動と社会事業は分岐していきました。

⑤方面委員制度による公私並立福祉

これは、現在における民生委員制度の原型となり、欧米の公私分離と異なる日本型公私並立の制度の始まりとなりました。方面委員制度は、大正六年に大阪府で始まった制度を模範にして、各地で創設されていきました。この頃はまた、社会事業の体系化、組織化が始められた時期でもあります。

⑥救護法の実施へのソーシャルアクション

昭和初期、アメリカで始まった世界恐慌に影響を受けて、わが国でも長期の不況になりました。多数の貧窮者の救済は、それまでの恤救規則では対応ができず、新たな救護法を制定する必要性が出てきました。その制定と実施に向け、方面委員、マスメディアなどが行動を起こし、成功しました。社会に対してアクション（行動）を起こすことを「ソーシャルアクション」といい、日本でそれが成功した例になりました。その結果、制定されたのが「救護法」です。しかし、それも公私混同型福祉であり、財源面も救助対象者の面でも不充分でした。

⑦植民地支配下の社会事業

昭和の軍国主義は、日本に多くの植民地をもたらしました。朝鮮、満州、台湾など、日本の植民地では、水道や鉄道の整備、学校教育など、積極的な社会事業が行われたように見えます。でもこれらは、民族や生活習慣の違いを考えず、日本への同化政策、皇室化政策でした。軍事的統治の手段として、偏った社会事業が行われたという特殊性は、否定できません。

⑧人的資源としての社会事業

第二次世界大戦の下では、健民健兵（健康な国民による健康な兵士）政策が推し進められました。人間を「個人」として捉えるのではなく、「資源」として捉える視点で、母子保護法や軍事扶助法が整備されました。それまでの大正デモクラシーを基調としてきた社会事業とは、異質のものへ転換したのです。

3節　日本の社会福祉戦後史と公的扶助

（1）戦後は福祉三法から福祉六法へ制度確立

ＧＨＱ（連合国軍総司令部）の民主化政策のなかでは、町に溢れた生活困窮者の救済が急務となりました。そこでＧＨＱは、わが国に対して社会救済の基本方針として公的扶助四原則（SCAPIN775）を提示しました。（表一―一）

この公的扶助四原則に基づいて昭和二一（一九四六）年に「生活保護法」、昭和二二（一九四七）年に「児童福祉法」、昭和二四（一九四九）年に「身体障害者福祉法」の福祉三法が制定され、戦後の社会福祉の基盤ができました。そして、昭和二六（一九五一）年に制定された「社会福祉事業法」（現「社会福祉法」）は、社会福祉事業の内容や運営などについて定め、社会福祉協議会も設置し、公私の社会福祉事業の役割を明確化しました。

その後、昭和三七（一九六二）年には皆保険、皆年金体制が確立、昭和三五（一九六〇）年に「精神薄弱者福祉法」（現「知的障害者福祉法」）、昭和三八（一九六三）年「老人福祉法」、昭和三九（一九六四）年「母子福祉法」（現「母子及び寡婦福祉法」）の三つの法律が制定され、先の福祉三法とあわせて、福祉六法が出来て、わが国の社会福祉体制が確立しました。

表1―1　公的扶助四原則（SCAPIN775）

1	無差別平等	差別的または優先的取り扱いをせず平等にすること
2	国家責任	単一の政府機関の設立
3	公私分離	私的または準政府機関に委任することの禁止
4	救済費非制限	救済総額になんらかの制限を設けないこと

（2）生活保護法の成立

わが国の公的扶助は、明治政府の「恤給規則」に始まりましたが、これは地縁・血縁の相互扶助を基本としたものでした。その後昭和四（一九二九）年「救護法」によって貧困者を救うのは国家の義務とされましたが、その対象者は障害者や高齢者に限定されていました。

しかし、第二次世界大戦の敗戦により国民の生活困窮は極めて著しく、これまでの貧困救済制度では、とても対応しきれるものではありませんでした。そこで、ＧＨＱの社会救済四原則に基づき、昭和二一（一九四六）年政府はＧＨＱの指導の下、「生活保護法」（旧法）を制定しました。国家責任による困窮者の保護や無差別平等の原則などが明文化され、近代的な公的扶助が制度として整ったといえるでしょう。その後、昭和二五（一九五〇）年に改正され、現在の「生活保護法」（新法）に至っています。

（3）生活保護法の基本原理

日本国憲法第二五条に「国民は健康で文化的な最低限度

表1－2　生活保護制度の基本原理

第1条	国家責任の原理	生活保護法のもっとも基本的な原理で、国の責任において行うとともに、生活困窮者の自立を助長することを目的としています。
第2条	無差別平等の原理	我が国の社会福祉の民主化を図った重要な原理で、すべての国民は、人種、信条、性別、社会的身分などに左右されることなく、また、困窮の原因も問うことなく、無差別平等に保護を行われます。
第3条	最低生活保障の原理	この原理は、健康で文化的な、その時代にふさわしい生活水準の保障を指していて、憲法25条の生存権保障の実現を目指しています。
第4条	補足性の原理	生活保護の経費は国民の税金によってまかなわれます。したがって要保護者が保護を受ける場合には、保護を受ける人の自己努力、生活のための努力、利用し得る資産や能力、その他のあらゆるものを活用し、生活維持を行い、なおも足りない部分に対して、保護を行います。

の生活を営む権利を有する」という記述があります。これは、「国民の基本的人権のひとつとしての生存権保障が規定されているもので、わが国の戦後の生活保護法（公的扶助）について考える時の出発点といえます。

生活保護法では、①最低生活の保障、②生活困窮者の自立助長、の二つを大きな目的として、その制度を運用するための基本的な考え方（基本原理）が第一条から四条までに定められています。（表一―二）

また、生活保護が実際に行われる場合には、これまでの制度とは違い、保護申請を権利として国民に認めています。保護の適用は、世帯を単位として行われますが、その適切な実施のための原則が第七条から一〇条までに定められています。（表一―三）

表1―3　生活保護制度の原則

第7条	申請保護の原則	国民は、生活に困窮した場合には、生活保護の実施機関（福祉事務所）に申請することで、保護の手続きが進められるという、保護請求権が保障されています。ただし、緊急を要する場合は、申請がなくとも必要な保護（職権保護）ができます。
第8条	基準および程度の原則	国（厚生労働大臣）は、年齢・世帯人員・地域などを勘案して生活保護の基準額を定めます。具体的な支給額は、調査により、世帯の生活に不足する分を支給します。
第9条	必要即応の原則	要保護者の年齢や健康状態など、個々の実情に即して、その必要を満たすように適切に支給されます。
第10条	世帯単位の原則	保護の要否や程度は、世帯単位で決定します。ただし例外として、世帯から分離して個人単位で決定することもあります。

４節　児童、障害者、高齢者福祉のあゆみ

（１）児童・母子福祉

第二次世界大戦直後の混乱期にはいわゆる戦争孤児（ストリートチルドレン）の救済が急務であったため国家としての取り組みが必要となり、児童相談所や保護施設が開設されました。しかし、それらはあくまで「応急的な保護」に過ぎませんでした。

昭和二二（一九四七）年に制定された「児童福祉法」は「すべての子どもの福祉」という視点が盛り込まれている点で画期的なものでした。同法は、それまでの「児童保護」という視点ではなく、「児童福祉」という考えに立脚した法律であり、昭和二六（一九五一）年に制定された「児童憲章」とともにその精神はわが国の児童福祉の基礎となりました。その後、何度か改正が行われてきましたが、特に平成九（一九九七）年の改正では「子どもの健全な成長」と「自立支援」が規定され、子どもの権利擁護が強調されています。

また、戦争で多くの男性が亡くなったため母子家庭も多く、その扶助額は男性の半分であるなど不平等でした。その後「国民年金法」で母子年金など様々な制度が創設されましたが、必ずしも十分な母子福祉が実現したとは言いがたい状況でありました。このような、遺族中心の母子対策では限界があったのです。そして、積極的には「母子福祉のあるべき基本原理の明定とそれに基づく総合的な母子福祉施策を規定した法律を規定する」必要性があげられ、昭和三九（一九六四）年母子福祉法が制定されます。その後、昭和五六（一九八一）年に「母子及び寡婦福祉法」へと変更され今日に至っています。

近年は、少子化や核家族化の進行による問題も多くなっています。「児童虐待」や「ＤＶ（ドメスティッ

ク・バイオレンス）」など女性や子どもが被害者になる事件も頻発するようになりました。こうした中、平成一二（二〇〇〇）年に「児童虐待の防止等に関する法律」が、翌平成一三（二〇〇一）年には「配偶者からの暴力の防止及び被害者の保護に関する法律」が相次いで制定されました。児童を取り巻く環境の変化も激しく、それに対応するために「児童福祉法」も平成一〇（一九九八）年以降、毎年のように改正されています。

また、小・中・高等学校での「いじめ」や「不登校」の問題も多くなっています。義務教育（小・中学校）での不登校児童の数は、一五～二〇万人とも言われ、学籍の無い二〇歳以下の「ひきこもり」の数を加えると三〇万人程度いると考えられています。この「不登校」や「ひきこもり」の原因の多くは、学校での「いじめ」や家庭内での「虐待」にあると考えられています。将来的には、これらの児童が「ニート（ＮＥＥＴ）（Not in Employment, Education or Training の略）へと繋がって、その数は一〇〇万人になるとも二〇〇万人になるとも伝えられ、大きな社会問題になろうとしています。

（2）障害者・児福祉

戦後、日本国憲法に基本的人権や生存権の保障が規定され、その理念に基づき国家として障害児・障害者への福祉施策が取り組まれるようになりました。

現在では一八歳未満の障害児は「児童福祉法」に基づき児童相談所が、一八歳以上の身体障害者は「身体障害者福祉法」に基づき市町村が、一八歳以上の知的障害者は「知的障害者福祉法」に基づき市町村が、精神障害者は「精神保健福祉法」に基づき保健所と精神保健福祉センターが、福祉サービスを提供しています。また、障害者に対する基本的な理念も「保護」から「自立支援」へと変化しており、平成五（一九九三）年制定の「障害者基本法」では、障害者は社会の構成員として社会・経済・文化その他あらゆる活動に参加する機会を与えられることが謳われています。

（3）高齢者福祉

「生活保護法」をはじめとする戦後の救済制度は、特に高齢者に焦点を当てたものではありませんでした。昭和三八（一九六三）年に制定された「老人福祉法」は、高齢者に焦点を当てたわが国最初の救済制度といえるでしょう。その後、昭和四八（一九七三）年には「老人福祉法」の一部を改正し、老人医療費無料化制度が開始されるなど高齢者の福祉の拡充は急速に進展します。その後「老人保健法」の制定による医療費の一部負担、在宅・施設サービスの一元化、老人保健福祉計画の策定など、その時代の要請に合わせた何度かの改正を経て、現在に至っています。また、平成一二（二〇〇〇）年には介護保険法が施行され、利用者が主体となる高齢者介護が指向されています。

第2章 現代の社会福祉

１節　現代の社会福祉を支える理念

（１）施設福祉から地域福祉へ

昭和四〇（一九六五）年以降、福祉の中心は、それまでの施設福祉から地域福祉へと変化していきます。経済の高度成長は福祉の成長を停滞させ、家庭と労働者を脅かします。そしてこれは住民運動を呼び起こし、社会福祉政策に目を向けさせ、地方自治の本旨を再確認する事にもなりました。

こうして生活保護中心体系から新しい日本型の福祉社会へ進む事になります。家族形態の変化した現代、障害者も高齢者も、地域の中で公的援助（保健所、児童相談所など公の機関による援助）と自助（自ら進んで自分の生活を豊かにするための努力）、相互扶助（お互い助け合うこと）のバランスを保つことが求められています。

（２）ノーマライゼーション

一九五〇年代、わが国では第二次世界大戦後に制定された日本国憲法二五条でようやく、民主的な社会福祉が達成されつつあった頃、デンマークのＢ・ミッケルセンは「ノーマライゼーション」という理念を提唱しました。「ノーマライゼーション」とは、提唱者のミッケルセン自身の言葉で説明すると以下のようになります。「障害者のある人たちに、障害のない人たちと同じ生活条件をつくり出すこと。障害がある人を障害がない人と同じノーマルにするのではなく、人々が普通に生活している条件が障害者に対しノーマルであるようにすること。自分が障害者になったときにしてほしいことをすること」。

すなわち、障害というものを体重や身長と同じように「個人の個性」としてとらえ、ありのままに受け入れることのできる社会をつくること、そのための生活環境や条件を整備することが「ノーマライゼーション」の理念です。

日本におけるノーマライゼーションは、昭和五六（一九八一）年の国際障害者年における「完全参加と平等」の基本理念として紹介されて以来、社会福祉の中心的な理念となりました。平成五（一九九三）年にノーマライゼーションの思想に基づいた「障害者基本法」を制定、平成七（一九九五）年には「障害者プラン～ノーマライゼーション七か年戦略」を策定しました。また「ノーマライゼーション」は、障害者だけでなく、高齢者、子ども、女性などあらゆる人々の社会参加と平等を目指すことを意味しています。

「福祉の必要な人を探し出して保護する」という考え方から「社会全員の人権を尊重する」という考え方へ、「施設に収容する」から「地域や自宅で暮らせるように支援する」へ、福祉の考え方は大きく変化してきました。その中で「ノーマライゼーション」の理念は、多大な役割を果たしてきたのです。

（３）福祉三プランの時代へ

一九九〇年代以降の社会福祉は、将来の福祉需要を推計し、それに対応するサービス提供基盤を整備していく「福祉計画化」の時代を迎えることになりました。

平成元（一九八九）年に国が策定した「ゴールドプラン」（高齢者保健福祉推進一〇か年戦略）は、在宅・施設福祉サービスの数的目標を示す画期的なものでした。そして、平成二（一九九〇）年の福祉関係八法の改正、平成五（一九九三）年の「新・ゴールドプラン」、平成六（一九九四）年の「エンゼルプラン」、平成七（一九九五）年の「障害者プラン」と高齢者、児童、障害者と福祉計画の策定が進み、福祉三プランの時代へと展開していきました。

２節　社会福祉基礎構造改革

「基礎構造改革」などというと、ずいぶん難しそうに感じられますが、そんなことはありません。わが国の社会福祉の基本的な法律や制度は、第二次世界大戦後、まもなく作られたのですが、五〇年経った現在、私たちの生活や考え方、ニーズに合わなくなった部分が多く見られたため、「基礎」から福祉の「構造」を「改革」して、今の時代に合ったものを作ろう、ということなのです。「社会福祉基礎構造改革」のポイントは、以下三点にまとめられます。

（１）個人の自立を基本とし、その選択を尊重した制度の確立

これは、福祉のサービスを利用する人が、自ら気に入ったサービス提供者を選んで「契約」する、という仕組みです。病院にしろ、美容院にしろ、私たちは自分で気に入ったところに行ってサービスを受け、お金を払っているわけですから、そんなの「当たり前」と思われるかもしれません。しかし、「基礎構造改革」以前の社会福祉サービスは、「措置制度」といわれる仕組みを基本としていました。これは、行政（都道府県・市町村など）が福祉サービスを提供するという、いってみれば「与えられる」福祉でした。たとえば、施設に入る際も、利用者が自分の好きなところを選ぶことはできませんでした。「基礎構造改

革」以降は、利用者が施設などの福祉サービス提供業者を見学したりして検討し、気に入ったところを選んで「契約」し、サービスを受けることができるようになりました。それによって、それまで弱かった利用者の立場が、サービス提供業者と対等になったのです。

（2）質の高い福祉サービスの拡充

平成一二（二〇〇〇）年に施行された社会福祉法によって、福祉は「サービス」であると位置付けられました。それによって、過去には「処遇」と呼ばれていたことが「サービス」であり、利用者とサービス提供者が対等であることがいっそう明確になったわけです。

そして、質の高いサービスを拡充するために、さまざまな改革がなされました。まず、それまで、社会福祉に関わる組織は社会福祉法人だけだったのですが、新たに、ＮＰＯ（特定非営利活動法人）や企業も社会福祉の分野に参入できるようになりました。最近、よくテレビＣＭで見る介護サービスの会社などは、その例です。さまざまな組織が、それぞれの特徴を生かしたサービスを行うことで、福祉サービス全体の活性化が期待されています。

また、利用者がサービス提供者を選ぶときの参考にするため、施設とは利害関係のない外の人々による施設などの評価事業が始まりました。これを「第三者評価」と呼び、福祉サービスの質が向上することが期待されています。

（3）地域での生活を総合的に支援するための地域福祉の充実

それまでは、「福祉」というと施設への入所がイメージされてきましたが、社会福祉基礎構造改革により、地域で生活する、つまり施設入所ではなく、在宅で生活することの重要性が強調されてきました。とはいえ、高齢者や障害者が在宅で生活するには、当事者はもちろん、介護する家族に対しても大きな支援が必要なのはいうまでもありません。そこで、在宅介護支援センターやヘルパーさんたちの質と数の確保が重要になってきたのです。

同時に、民生委員・児童委員の重要性も注目されています。特に、主任児童委員制度の積極的活用を含め、児童委員の機能の強化が望まれています。

また、地域福祉を積極的に押し進めるために、各都道府県と市区町村に「地域福祉計画」の策定が義務づけられました。これによって、いつまでに、どのくらいの量の福祉サービスが行われるのか、が明確になったのです。

図2―1　福祉サービスの利用制度化の概念図

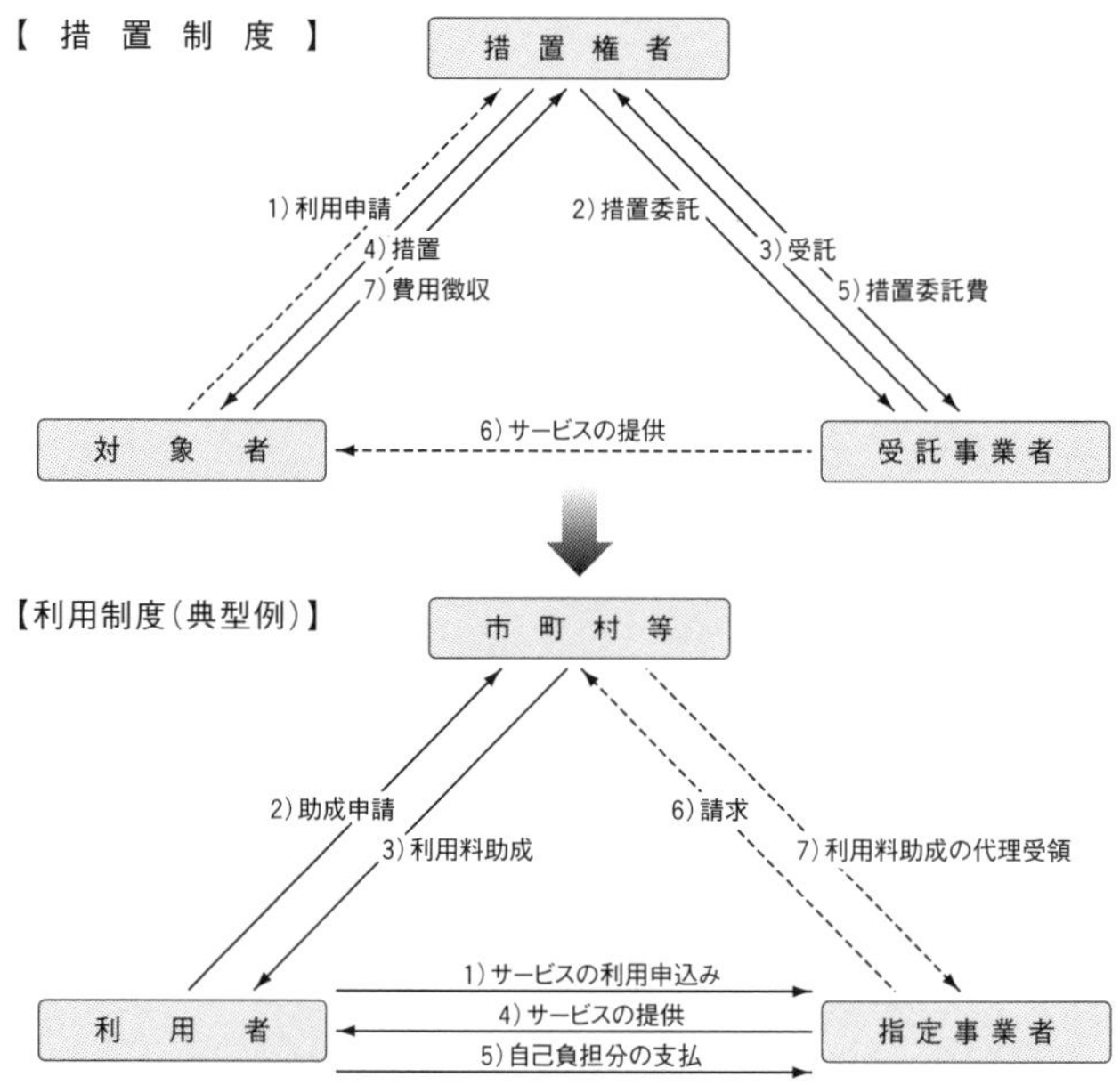

そして、この「福祉基礎構造改革」受けて、平成一二（二〇〇〇）年の「介護保険法」の制定、「ゴールドプラン21」が策定されるなど、わが国の福祉は、「契約の時代」、「福祉の自由化」へと変化しています。

3節　今日の社会福祉の課題

前述したように「社会福祉基礎構造改革」によって、社会福祉はずいぶん使いやすく身近になったといえるでしょう。しかし、同時に、さまざまな課題も提起されるようになりました。特に民間の会社が社会福祉の分野に参入してきたことで、営利を追求するあまりサービスの質が低下していないか、チェックする必要が生じてきました。施設などには第三者が評価することにより、一定のチェックが行われたり、苦情解決の仕組みが作られたりしているものの、法的にすべての福祉サービスの質を保障する制度はありません。その分、利用者の声を地域ですくい上げることが必要であり、その意味でも、民生委員の役割は大きいといえるでしょう。

また、地域住民の福祉サービスへの要求も以前に比べるとずいぶん多様化しています。地域での生活に不自由を感じている人は、高齢者や障害者だけではありません。子どもへの虐待、配偶者への虐待（ドメスティック・バイオレンス）、子育て支援、不登校、引きこもり、いじめ、心の病など、数え上げればきりがありません。それらの問題への対応は、一人ひとりの状況や事情をくみ上げ、心のこもった援助が強く望まれます。やはり住民と身近なところにいる民生委員の活躍に期待したいところです。

少子高齢化による社会保障制度の財源不足も、今日の社会福祉の大きな課題のひとつだといえるでしょう。介護保険や年金などの受給バランス（払う保険料と受け取るサービス）が崩れてしまったのは、ご存じの通りです。さらに、年金をはじめとする制度への不信感から未払いが増えていることも、連日新聞などで報道されています。民生委員は、このような社会保障制度に関しても一定の知識を持ち、現在、そして今後の我が国のあり方を考える視野の広さが求められています。

その他にも、現代の福祉をめぐって数多くの課題が取り上げられています。民生委員は常に心のアンテナを張り巡らせ、住民の声なき声を拾い上げ、問題や課題に果敢に取り組んでいきたいものです。

4節　これからの日本の福祉

(1) 福祉サービス選択の時代を生きる

わが国の福祉は、大きな転換期を迎えています。少子高齢社会に伴う社会保障の問題や年金問題をはじめとする将来の社会不安、そして、ますます複雑化する子どもと家庭の社会問題など、戦後の「措置制度」を中心とする福祉施策では、とても対応できないのが現状です。

そして、「福祉基礎構造改革」を柱とした福祉改革が進められ、国民は「福祉サービス」を選ぶ時代になりました。しかし、これまで「与えられる福祉」に慣れている日本人にとって「福祉サービス」「福祉を選ぶ」には、知識不足といえるでしょう。あまりにもめまぐるしく変わる福祉サービスの形態にも高齢者などはとてもついていけないのが現状です。公的サービスはもとより、福祉自由化の中で民間企業も福祉サービスに参入し、しのぎを削る時代です。

そこで、「要援助者」の立場に立って福祉サービスの正しい選択を援助する人が必要になります。それが、今、民生委員に期待されています。民生委員は、常に「要援助者」の味方として、地域住民の立場で福祉サービスを学び、見つめていく必要があるでしょう。

(2) 施設福祉から地域福祉へ

わが国のこれまでの福祉は、援助を必要とする高齢者、障害者や児童・母子を施設に保護することが中心でした。しかし、多くの人は施設ではなく、長年住みなれた土地で平和に暮らせることを願っているのが現実です。

平成一六(二〇〇四)年一〇月二三日におこった「新潟県中越地震」の被災地での報道からは、自分の生まれ育った地域への愛情をひしひしと感じられました。村全体が孤立状態になり壊滅的な被害を受け、全村民が村外に避難した「山古志村」の人々は、一時帰宅の際に「必ず村に帰るから」と涙ながらに話していました。

福祉サービスは、施設から在宅へと移り変わろうとしています。しかし、行政や企業が提供する画一的なサービスだけでは、どうにもならない人々が沢山います。その人たちの地域での生活を守るには、福祉サービスの提供だけでなく、ボランティアを含む住民主体の地域福祉の展開が不可欠です。この住民主体の地域福祉活動は、社会福祉協議会をはじめとして、農協・生協・宗教団体などの多くの地域組織がさまざまな取り組みを展開しています。

こうした中で、制度ボランティアとしての民生委員は、この地域福祉活動の要として大いに期待されています。

第2部

民生委員・児童委員活動の基本

第３章　民生委員・児童委員活動の理念

１節　民生委員・児童委員の役割

民生委員の仕事は、担当の地域を中心に行なわれます。担当地域は、世帯単位で住民数に応じ町内をいくつかに分割して、定められています。したがって、援助を必要としている人と「ご近所」の関係であり、いわゆる「顔の見える」範囲で対応できるため、親しみをもって相談することができるのです。また、同じ「地域住民」という立場であるため、民生委員はその地域の事情や習慣などがわかっており、また、地域のサービスの情報（保健所や施設など）を熟知していることも、民生委員の強みです。民生委員の役割は、親しみやすさと豊富な地域情報を有効に活用して、福祉ニーズを抱える住民の相談や問題解決に当たることです。

また、わが国の公的福祉サービスは本人からの「申請主義」がとられているので、福祉ニーズを抱えている住民は自ら「援助を必要としている」と名乗り出なければ、公的援助は始まりません。ところが、公的サービス機関（市役所など）にはなかなか行きづらい、という方がいるのも現実です。また、公的サービス機関は月曜から金曜日の九時から五時までしか開いていないことが多く、夜間や休日に相談に乗ってもらえないという問題点もあります。地域住民である民生委員はその地域で生活しているため、気軽に相談に乗ってもらえる上、夜間や休日など、柔軟な対応が可能なのです。

行政という公的サービス機関ではできない福祉サービスを、民間人ならではの立場で担っていくのが民生委員の役割であり、行政と民生委員は車の両輪のように支えあい、連携して、地域住民の福祉ニーズ解決に当たります。

２節　民生委員・児童委員の三つの基本姿勢

民生委員の基本的な姿勢については民生委員法によって規定されており、また、児童委員法によって民生委員は同時に児童委員を兼ねることになっています。以下、民生委員・児童委員の三つの基本姿勢についてご説明します。

(1) 社会奉仕の精神

「民生委員は、社会奉仕の精神をもって、常に住民の立場に立って相談に応じ、および必要な援助を行い、もって社会福祉の増進に努めるものとする」(第一条)

民生委員法では、その任務の基本姿勢を「奉仕の精神」においています。つまり、民生委員・児童委員は地域住民(その中には高齢者、障害者、ひとり親家庭などが含まれています)のうち何らかの生活課題や困難を抱えている人に対して、同じ地域住民として援助することを自ら望み、誇りに思い、決して見返りを要求しないことが求められているのです。給料をもらわないボランティアとしての立場で地域住民の社会福祉増進に努めるのが民生委員・児童委員であり、その結果として地域住民の信頼と名誉を得ることになるでしょう。民生委員・児童委員が別名「制度ボランティア」と呼ばれているのは、その無償性に基づくものです。

（2）基本的人権の尊重

> 民生委員は、その職務を遂行するに当っては、個人の人格を尊重し、その身上に関する秘密を守り、人種、信条、性別、社会的身分又は門地によって、差別的又は優先的な取扱をすることなく、且つ、その処理は、実情に即して合理的にこれを行わなければならない。（第一五条）

人権とは「人間が人間らしく幸せに生活するために社会によって認められる権利」といえます。人権を守るためには法律や制度による保障だけではなく、家庭内の協力、近所の人との助け合い、自分を理解し応援してくれる人など、さまざまな人と人との結びつきが必要です。「人間の幸せ」を一番基礎の部分で支えるものとして「基本的人権の尊重」は、重要な意味を持っています。

民生委員・児童委員は、地域住民の人権が侵害されていないか、常に留意することが大切です。それと同時に民生委員・児童委員がその職務を遂行する際は、相手の人格を尊重し、秘密を守ることが求められます。援助を必要とする人がどのような人であろうと、差別的な扱いをしてはならないことはいうまでもありません。さらに、意思表示が困難な人（認知症の高齢者や知的障害者などを含む）に対しても、人権に充分配慮した援助を心がけることが大切です。

(3) 地位の政治的中立

民生委員は、その職務上の地位を政党又は政治的目的のために利用してはならない。

前項の規定に違反した民生委員は、第一一条及び第一二条の規定に従い解嘱せられるものとする。（第一六条）

民生委員・児童委員は、地域住民の信頼を得てその役割を果たすわけですから、地域のリーダー的立場に立つことも多いことでしょう。しかし、その立場をある特定の政党や政治目的のために利用してはならないことが、民生委員法に規定されています。

前述の通り、民生委員・児童委員はあくまで「奉仕」のために職務を遂行するのです。個人としてある政党を支持することが禁止されているのではなく、民生委員・児童委員の立場を利用して政党や政治団体、政治家などの宣伝や選挙協力を行うことが禁止されているのです。つまり、民生委員・児童委員として職務に当たる際は、政治的に中立であることが求められ、これに違反した場合は、解職されます。

3節　民生委員・児童委員活動の性格と原則

(1) 民生委員・児童委員の基本的性格

民生委員・児童委員には、「自主性」「奉仕性」「地域性」という三つの基本的性格を持っています。

「自主性」とは、「常に住民の立場にたって、地域のボランティアとして自発的・主体的な活動を行う」

ということで、要援護者と同じ地域に暮らす、一市民として、問題解決の手助けをすることです。

「奉仕性」とは、「誠意をもち地域住民との連帯感をもって、謙虚に、無報酬で活動を行うとともに、関係行政機関の業務に協力する」ことで、ボランティアとしての立場で地域の福祉向上に努力をすることです。

「地域性」とは「担当区域を基盤として、適切な活動を行う」ことで、委員一人ひとりに担当する区域が定められています。大都市では二二〇～四四〇世帯ごとに一人を基準に配置されます。たとえば人口一、二〇〇万人の東京には、民生委員・児童委員が一〇、〇〇〇人余りいます。総数二三万人を超える民生委員・児童委員が日本全国のすべての地域で活動しています。

（２）民生委員・児童委員活動の三つの原則

民生委員・児童委員活動は、「住民性」「継続性」「包括・総合性」の三つの原則に則って行われます。

「住民性」の原則とは、自らも地域住民の一員である民生委員・児童委員は、住民にもっとも身近なところで、住民の立場に立った援助活動を行うということです。

「継続性」の原則とは、民生委員・児童委員の交替が行われた場合でも、その活動は必ず引き継がれ、常に継続した対応を行うことです。福祉問題の解決は、一朝一夕にして解決するものではありません。要援護者との関係を密接にして、十分に時間をかけて行うことが必要です。

「包括・総合性」の原則とは、地域住民個人の福祉問題の解決を図ると同時に、地域社会全体の課題に対応していくために、その問題について包括的、総合的な視点に立った活動を行う、という意味です。

４節　民生委員の基本活動

(1) 社会調査活動

民生委員は、担当区域内の住民の生活状態を把握し、個別の援助が必要な方に対し、その福祉ニーズに関する情報を収集します。調査に当たっては、個人の人権の尊重とプライバシーに充分留意することが不可欠です。

(例)たとえば、K市の民生委員・児童委員協議会では、配食サービスの協力や「声かけ」、「安否確認」などの活動をとおして住民の実態や福祉ニーズを日常的に把握しています。

(2) 相談活動

地域住民がかかえる問題について、相手の立場に立ち、親身になって相談に乗ります。

(例)その中で民生委員・児童委員のEさんはある高齢者(九〇歳)宅を訪問したとき、家族から自宅で介護を続けたいが、心身ともに疲労しているので何とかしたいと相談があり、ゆっくり話を聞きました。

(3) 情報提供活動

社会福祉の制度やサービスについて、その内容や情報を住民に的確に提供します。

(例)在宅で介護をしたいという家族の希望に対応し、介護保険制度を利用して受けられるホームヘルプサービスやショートステイなどの在宅サービスについての情報を提供しました。

（４）連絡通報活動

住民が、個々の福祉ニーズに応じた福祉サービスが受けられるよう関係行政機関、施設・団体等に連絡し、必要な対応を促すパイプの役割をつとめます。

（例）本人と家族からの申し出により市の窓口に連絡し、在宅サービスを受けるために必要な対応を依頼しました。

（５）調整活動

住民の福祉需要に対応し、適切なサービスの提供が図られるように支援します。

（例）介護保険制度にはない通院の送迎やふとんの洗濯・乾燥などのニーズに対し、サービスが提供されるよう社会福祉協議会の事業やボランティア活動利用の調整をします。

（６）生活支援活動

住民の求める生活支援活動を自ら行い、支援体制をつくっていきます。

（例）自ら支援活動を行うとともに、家族が外出するときには近所の人やボランティアグループとネットワークをつくり対応するなど、家族だけでは抱えきれなかったさまざまな問題の解決に取り組みました。

（７）意見具申活動

活動を通じて得た問題点や改善策についてとりまとめ、必要に応じて民児協（四二頁参照）をとおして関係機関などに意見を提起します。

（例）Ｋ市民児協では、各委員会の訪問活動を通じて、高齢者を自宅で介護している家族への支援の必要性を知り、問題点をとりまとめるとともに、行政や社会福祉協議会、民児協、ボランティアなどが協力して、家族が一年に何日かでもゆっくり休めるようなプログラムを実施してはどうか、という意見を市に提起しました。

５節　児童委員の基本活動

（１）実情の把握と記録

児童委員は、担当地域の児童や妊産婦の生活や環境を日頃から把握することが求められています。同時に、地域の児童福祉施設や保育所などのサービス情報を収集しておき、援助が必要な児童を発見した場合、どの機関が最も適切なサービスを提供できるか、知っておくことが大切です。

（２）相談・援助

援助が必要な児童には、丁寧な相談と援助活動が望まれますが、その際、児童の最善の利益を考慮する必要があります。さらに、児童及びその家族のプライバシーには、充分留意します。

（３）児童の健全育成のための地域活動

担当地域において、児童の健やかな育成が図られるような雰囲気を作り上げるのも、児童委員の職務です。また、児童館や学童保育、子育て支援センターなど、地域のさまざまな事業者と連携を取り、個々の事業や活動を支援しましょう。

（4）意見具申

活動を通じて得た問題点や改善策についてとりまとめ、必要に応じて民児協をとおして関係機関などに意見を提起します。

（5）連絡通報

特に保護が必要な児童を発見した場合、迅速に児童相談所へ通報します。虐待など緊急の場合、児童委員は市町村を経由せず、直接、児童相談所へ通報することが、児童福祉法により定められています。

（6）児童虐待への取り組み

虐待などによる要保護児童を発見した地域住民は、児童委員を介して児童相談所や福祉事務所に通報することが可能になりました。児童委員は地域において、児童虐待防止の先頭に立つ存在だといえるでしょう。

6節　民生委員・児童委員の組織

（1）民生委員・児童委員の組織（民生委員・児童委員協議会［略称：民児協］）

民児協は全国の全ての地域（約一〇、一六〇地域）に設置されています。これを［単位民児協］といい、あなたの暮らしているまちにも必ず設置されています。

さらに、市区町村（約三、三〇〇）、都道府県・指定都市（六〇）、全国といった民児協のネットワークをつくっています。

各民児協には、互選によって選ばれた代表者（会長）がいて、毎月一回以上定例会議を開いています。

民生委員・児童委員は全員が地域の民児協のメンバーになり、毎月開催される定例会議を中心として民生委員・児童委員同士の連携・協働をすすめるとともに、地域の生活関連情報の共有や福祉課題の分析や人びとへの支援の検討などを行っています。

（２）民生委員・児童委員協議会（民児協）の組織構成

（図三―一）

図3―1　民生委員・児童委員協議会（民児協）の組織構成

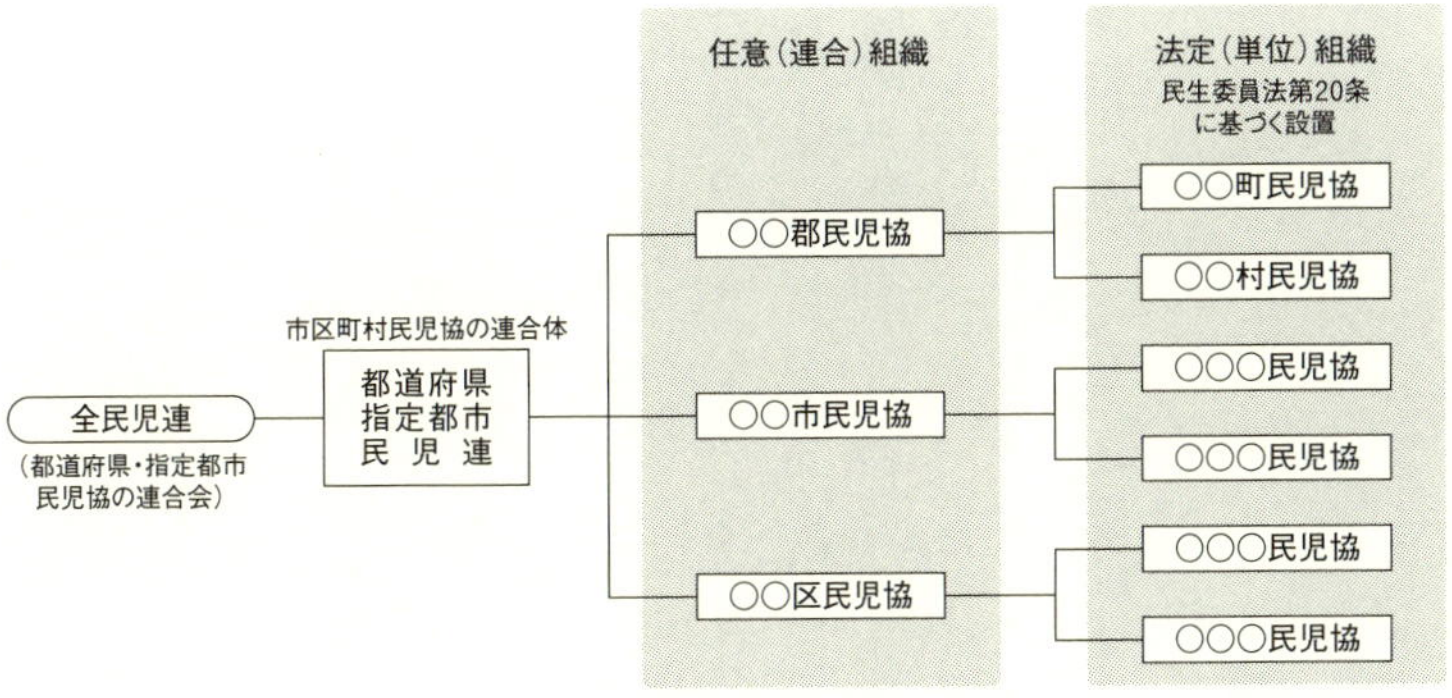

第４章 民生委員活動前史

１節　笠井信一と済世顧問制度

現在、全国に二二万人以上の民生委員が活躍していますが、そのはじまりには、二人の知事の貧困者救済への熱意と研究がありました。

岡山県知事の笠井信一（一八六四〜一九二九）は、元治元（一八六四）年に現在の静岡県富士市の金物商の家に生まれました。旧制静岡中学から東京第一高等学校、東京帝国大学（現、東京大学）英法科へと進みました。明治二五（一八九二）年に内務省に入り、明治四一（一九〇八）年に、全国の知事で最も若くして、岩手県知事に任命されました。知事としての笠井は、農業や林業に力を入れ、また、教育基金育英資金制度をつくり人材の育成に努めました。こうした努力により苦しい県財政を救い、その後、故郷の静岡県知事を経て、大正四（一九一五）年に岡山県知事に任命されました。

この時代、第一次世界大戦が起こり、我が国に戦時景気をもたらしましたが、その終結後には物価の高騰から米騒動が起こり、社会不安の波が押し寄せ、多くの庶民の生活は貧困に窮していました。

大正五（一九一六）年の宮中で開催された地方長官会議の場で、大正天皇から「県下の貧民の状況はいかに」との御下問を受けたことは、その後の笠井の知事としての貧民救済活動に大きな影響を与えています。岡山県内の貧困者の実情を調査し、その困窮原因が、体の不自由なことや、働く場所つまり、仕事がないなど、さまざまに理由によることに笠井は悩み、その救済について真剣に考えます。県民の一割が困窮しているという、事態の重大さに笠井は、役人だけでなく、それぞれの町に住み、思いやりがあり、社会奉仕の心をもった人と協力して、これにあたることが肝要だとの考えに至りました。そして、日夜研究を重ね、ドイツ「救貧委員制度」に出合うのです。

そして、大正六（一九一七）年五月一二日に岡山県訓令第一〇号により「済世顧問設置規程」を公布、ここに民生委員制度の源といわれる済世顧問制度が生まれます。

この済世顧問は、防貧活動が使命であり、自立能力を潜在させている貧困者に、その能力を最高度に発揮できるよう機会を提供し、もって正常な社会生活を営み得る水準にまで復元させることが仕事でした。さらに、人物本位の人選のため、適任者がいない場合は空席とする措置がとられました。

２節　林市蔵と方面委員制度

大阪府知事の林市蔵（一八六七～一九五二）もまた、民生委員の生みの親のひとりです。

林市蔵は、慶応三（一八六七）年今の熊本市横手に生まれました。第五高等学校（今の熊本大学）から東京帝国大学（今の東京大学）を卒業。広島・新潟両県の内務部長を経て、その仕事ぶりや人柄を認められ、三重・山口両県知事、大正六（一九一七）年には大阪府知事に就きました。

大阪府知事に就任した当時は、第一次世界大戦の影響で物価が高騰し、たまりかねた人々が力づくで米などを奪い合うような出来事が全国各地で起こっていました。大阪でも警官隊との衝突があちこちで起き、大正七（一九一八）年には「米騒動」といわれる大きな事件にまで発展しています。

このような社会不安の広がる大正七（一九一八）年のある日、林が大阪の淀屋橋近くで散髪していると、みすぼらしい身なりで夕刊を売っている女性と子どもの姿が目に止まりました。その家庭を調べてみると、夫は病床にあり、三人の子どもを抱え、妻の夕刊売りの収入でやっと生活していることがわかりました。彼は幼いころの自分の生活を思い出し、恵まれない人たちをどうにかして救いたいと考えるようになります。

そこで、当時大阪府の最高嘱託であり、社会事業の権威であった、小河滋次郎博士に依頼して、ドイツ、イギリス、アメリカの救済委員、中国の審戸、江戸時代以来の五人組、岡山の済世顧問などの各制度を詳細に研究調査し成案化したのが、「方面委員規程」です。今の民生委員制度の前身です。

林は、常にこの活動の先頭に立ち、多くの人たちを救うこととなります。知事を辞めた後も相談役として活動を支え、貧しい人たちの救済活動にその生涯を尽くします。現在、全国で約二二万人の民生委員・児童委員の活動の根底には林の精神が受け継がれています。

当初の方面委員の職務概要は次のようになっていました。

①一般生活状態の調査のため時々、自ら区域内の巡視または家庭訪問をなすこと。
②学校、警察、寺院など各種の公共機関と密接な連絡を保つこと。
③調査の結果は台帳に記入し異動があるごとに加除訂正をすること。
④方面委員会は毎月少なくとも二回以上開くこと。
⑤諸届の励行に注意すること。
⑥妊産婦及び嬰児の健康保全に注意すること。
⑦生計困難な者があるときは、その原因を調査してこれを取り除く方法を講究すること。
⑧公私の救済機関と密接な連絡を保ち、臨機応変の措置をとること。
⑨主婦などに対しては常に家政に関する知識の普及を図ること。
⑩少年少女の職業及び労働に注意し、健康、風紀、及び経済的能力の保全に努めること。

つまり、方面委員の基本的活動姿勢は、訪問活動であり、それによって住民の生活実態を十分把握し、具体的な救済事業の要望を採り出そうというもので、その基本姿勢は今日の民生委員・児童委員活動に受け継がれています。

3節　救護法と方面委員令の制定

明治末から大正の頃にかけての急速な社会・経済の変動は、緊急に保護を要する生活困窮者を大量に生み出しました。この状況を救済するために生まれた、岡山県の済世顧問制度と大阪府の方面委員制度は、庶民に受け入れられ、昭和初期には、ほとんどの県に方面委員及びそれに類する委員制度が発足することになります。

昭和二（一九二七）年に開催された「第一回全国方面委員大会」では、大量の生活困窮者に対する新たな救貧制度の必要性について議論され、「救護法」の早期制定を求める決議を行いました。

このような方面委員の決議をきっかけに、昭和四（一九二九）年に「救護法」が公布され、翌年実施されることになったのですが、折しも発生した世界恐慌の影響から国家財政は逼迫しており、「救護法」の実施は見送られたのでした。

当時の方面委員はこの事態を深刻に受け止め、昭和五（一九三〇）年に「救護法実施期成同盟会」を結成し、「救護法」施行へ向けて、全国各地で強力な運動を展開しました。これが功を奏し、「救護法」は昭和七（一九三二）年一月一日から施行されることになり、方面委員は市町村長の補助機関として、この法律により規定され、方面委員活動は大きく発展していきます。

しかし、方面委員は、もともと任意に設けられた制度であったため、その設置主体も、府県・市町村・私設団体とまちまちで、名称も済世顧問・方面委員・奉仕委員・社会委員など統一されたものではありませんでした。このため全国統一的な「救護法」を執行するためには、方面委員制度の全国統一を図る法制の整備が急務となりました。また、方面委員制度の急速な普及と活動の進展により、方面委員が各地の社会事業の中枢機関として重要な役割を占めるようになっていて、方面委員の制度上の位置づけも方面委員制度の法制化を急がせる理由の一つでもありました。

この動きはすでに昭和二（一九二七）年の「第一回全国方面委員大会」でも、方面委員制度に関する法制化が決議され、昭和一〇（一九三五）年の第六回大会では、頂点に達し、「我邦方面委員制度の徹底強化に関する件」が決議されました。そして、「方面委員令」が昭和一一（一九三六）年に公布され、翌年一月一五日に施行されました。これにより、全国統一的な制度として「方面委員制度」が発足しました。

方面委員令の内容は次のとおりです。

①指導精神は隣保相扶・互助共済にある。
②設置主体は道府県とする。ただし、東京市と横浜市は例外として市の設置とする。
③任期は四年間とする。
④選任に当たっては、公平を期するため、方面委員銓衡委員会の意見を聞いて決める。
⑤無報酬の名誉職とする。

生活困窮者への指導の精神が隣保相扶・互助共済にあるとされ、地域における「名誉職」としての指導的立場の活動でしたが、その隣保相扶・互助共済が今日の民生委員・児童委員活動の近隣愛精神に受け継がれています。

第５章　民生委員・児童委員戦後史

１節　民生委員令の制定

（１）戦後の救済活動のはじまり

昭和二〇（一九四五）年八月太平洋戦争は終わり、平和が訪れたわが国でしたが、庶民には猛烈な生活難が襲いかかってきました。敗戦による食糧や住宅不足、インフレなどによって国民の生活は泥沼化し、戦争が終わっても今度は生きるための戦いが始まったのです。なかでも海外引揚者、傷痍軍人、戦争による身体障害者、戦災孤児、失業者など、生活困窮者が短期間に増加し、戦前までの公的援助の原型といわれた救護法（昭和四（一九二九）年）、健康保険法（大正一一（一九二二）年）や家族や隣人、宗教家、篤志家、恩賜財団等では対応できない状況に陥りました。

このため、当面の生活困窮者を救済することを目的に、昭和二〇（一九四五）年一〇月、ＧＨＱ（連合国軍最高司令部）の要望に基づき「生活困窮者緊急生活援護対策要綱」を定めて、失業者、戦災者、海外引揚者、在外者留守家族、傷痍軍人及びその家族ならびに軍人の遺族などを対象とした救済に乗り出し、一二月「生活困窮者生活援護要領」が緊急措置として施行されたのでした。

その救済の内容は次のようなものでした。

①宿泊、給食、救護施設の充実、②衣料、寝具その他生活必需品の給与、③食料品の補給、④生業の指

導斡旋、⑤自家用消費物資・生業資材の給与または貸与
しかし、この緊急措置も、国の経済的な状況から十分な援護は行われませんでした。

また、この状態を打破するには、社会の安定しかないと判断したＧＨＱの最高司令官マッカーサー元帥は、非軍事化、民主化政策をすすめるとともに、これまでの社会福祉のあり方を見直すよう政府に求めました。

そこで、日本政府は、昭和二一（一九四六）年二月二七日にＧＨＱに示した「社会救済」に関する覚書の中で、国家責任の原則、無差別平等の原則、最低生活保障の三原則を示し、この三原則がその後のわが国の公的扶助の基本となりました。

こうして我が国は、終戦を境にして、日本国憲法の下で民主主義国家として再建されることになりました。社会福祉の理念も、従来のあいまいで慈恵的ないわゆる慈善事業から、国家責任による系統的専門技術的な社会福祉事業へと抜本的な改革が行われていくことになります。

（２）生活保護法と民生委員令の制定

ＧＨＱの指導のもとに進められた民主化改革によって、昭和二一（一九四六）年九月に従来の保護関係法が整理され、新たに「生活保護法」が公布されました。この法律は「すべての国民は、健康で文化的な最低限度の生活を営む権利を有する」という憲法第二五条の理念に基づくもので、これまでの単なる救貧から、社会保障制度として体系だった画期的なものでした。

そして、生活保護法の施行と同時に方面委員制度もこれに即応すべく、制度の刷新強化が内外から要請され、「民生委員令」が施行になり、方面委員に代わって「民生委員」が誕生したのです。

（3）方面委員令から民生委員令へ

「方面委員令」にかわって制定された「民生委員令」は、「方面委員令」を改正する形で制定されました。その主な改正内容は以下のとおりです。

①指導精神の表現を「隣保相扶・互助共済」から「仁愛の精神により保護誘掖《ゆうえき》のことに従う」とした。
②名称を方面委負から「民生委員」に変更した。
③委嘱者を都道府県知事から厚生大臣に改めた。
④区域を担当する委員のほかに、たとえば法律問題などの特定かつ専門的な知識技能を担当する委員（事項担当委員）をおけるようにした。
⑤民生委員銓衡委員会の前段階に市町村の推薦委員会をおき、選任の民主化を図った。
⑥任期を二年に短縮した。
⑦職務に一般の生活指導を成しうる旨の規定を設け、活動範囲を拡大した。
⑧指導監督責任が知事にあることを規定した。
⑨意見具申権を認めた。
⑩生活保護法の実施機関である市町村長に補助機関である民生委員に対する指示権を与えた。
⑪民生委員会は委員間の連絡機関であり研究機関であると規定し、民生委員会の任務を明確化した。

2節　児童委員との兼務

戦後間もない時代の児童救済の目的は、貧困あるいは親の死亡により監護を受けられない児童を施設に入所させて保護、養育することでした。そして、路上で生活している戦災浮浪児の保護救済のために、児童福祉法制定が政府の急務となりました。

そして、児童福祉法が昭和二三（一九四八）年五月一四日に施行されたことに伴い、その第一二条に「民生委員令による民生委員は児童委員に充てられたものとする」という規定が設けられ、民生委員が児童委員を兼務するようになりました。

児童委員の源泉は、昭和八（一九三三）年に公布された児童虐待防止法や少年救護法にあります。児童虐待防止法は、一四歳未満の少年を過酷な労働から保護する目的で、少年救護法は、誤った行為を常習的におこなう少年やその恐れのある少年を保護教育するために制定されました。この少年救護法には、「少年救護委員」の設置があり、当時の方面委員がこの少年救護委員に充てられていました。そのため戦後、児童虐待防止法や少年救護法が児童福祉法に包括されたことにより、民生委員が児童委員を兼務することになったのです。

また、昭和二三（一九四八）年一二月には児童委員の活動要領が厚生省から示され、里親の開拓、集団指導、児童の健全育成活動、児童福祉の地域組織活動、青少年の不良化防止等、地域における自主的な広範囲の児童福祉の推進に当たることが期待されました。

当時の民生委員は、生活保護法の補助機関としての活動に主力を注がざるを得なかったのですが、一部では乳幼児、妊産婦の保健や保護、子ども会、母親クラブなどのクラブ活動の推進、児童文庫、子どもの遊び場設置、児童福祉施設の設置促進など、児童福祉の増進に大きな効果をあげました。

３節　民生委員法の制定

（１）民生委員法の制定

戦後の民生委員の活動は、生活保護法の補助機関、児童福祉法による児童委員としての役割だけではありませんでした。引揚者の援護、留守家族・遺族・母子などの生活援護、要援護者に対する物資の配給、各種の証明、調査の実施、各種募金の協力など具体的な活動を通じて民生委員は一般社会からその存在が認識され、高く評価されることになりました。

このように民生委員の役割が国民生活にとってますます重要性を増しつつあることから、ぜひとも法律に基づく制度にする必要がある、との声が高まりました。

そこで、民生委員令に検討を加えた結果、昭和二三（一九四八）年に「民生委員法」が制定されました。その主な改正点は次のとおりです。

①指導精神を社会連帯の思想を基調として奉仕する社会奉仕の精神に改められました。
②民生委員銓衡会を同審査会に改め、その委員の構成も具体的に示されました。
③民生委員として適当でない者を推薦してきた場合、知事が推薦会に対して再推薦できる旨の規定が新設されました。
④民生委員令には規定のなかった資格要件を具体化しました。
⑤人格識見の向上と知識技術の向上・努力目標を示し、職務執行に当たって個人の人格尊重、秘密保持、無差別平等の規定、職務上の地位を政党又は政治的目的のために利用することを禁止するなどの職

務上の信条を明示しました。
⑥解嘱の特別な事情を具体的に示し、その手続きを規定しました。
⑦職務の習熟を目的に任期を三年に延長されました。
⑧職務の複雑高度化に対応して指導訓練の責任が知事にあること明記し、担当職員の設置が義務づけられました。
⑨民生委員会を民生委員協議会に改め、責任者である常務委員をおくことと、その任務が規定されました。
⑩厚生大臣の指定する市は民生委員協議会の区域ごとに民生委員事務所の設置が義務づけられました。
⑪民生委員に関する経費は、国が二分の一、都道府県と市が四分の一ずつを補助することが規定されました。

（２）補助機関から協力機関へ

戦前から終戦直後にかけて社会福祉関係法として、救護法、母子保護法、医療保護法、旧生活保護法が制定されましたが、その実施に当たっては、方面委員や民生委員が市町村長の補助機関として公的社会福祉事業の第一線機関における担い手として位置づけられました。

しかし、補助機関という位置づけでは、本来、行政の行うべき仕事までもが民生委員の負担となってしまう場合も多々あったのです。そのため、社会奉仕者という民生委員本来の使命の遂行まで阻害されるようになり、これを是正するために、昭和二五（一九五〇）年に「生活保護法」が全面改正されました（「新生活保護法」）。

この法律では、新たに「福祉事務所」及び「社会福祉主事」が設置され、民生委員はその事務に協力する、つまり、協力機関として位置づけられました。

４節　民生委員法の一部改正と主任児童委員の設置

（１）民生委員法の一部改正

昭和二五（一九五〇）年の「新生活保護法」の施行、および昭和二六（一九五一）年の「社会福祉事業法」の制定など、社会福祉事業全般にわたる整備に伴って、民生委員法の一部が改正され、昭和二八（一九五三）年八月一日に公布されました。この改正は、民生委員制度の本質的内容を変更したものではなく、他の機関との関係などを整理したものです。主な内容は次のとおりです。

①民生委員推薦会の構成を変更、社会福祉の各分野の意見を反映するよう委嘱対象が拡大されました。
②福祉事務所その他社会福祉関係行政機関との協力関係を明らかにしました。
③民生委員協議会の任務の中に関係行政機関との連絡に当たるべきことを加え、さらに協議会は、すすんで市町村社会福祉協議会の組織に参加し、これと一体となって地域福祉の増進に努めることができるように定められました。
④「常務委員」及び「常務委員協議会」が全面削除されました。ただし、昭和三五（一九六〇）年の改正において「総務」という名で会務をとりまとめる役職が定められました。
⑤新生活保護法に基づき、福祉事務所が設置されたことに伴い、民生委員事務所の規定は削除されました。
⑥任期途中に補充された委員の任期を前任者の残任期間とし、三年に一度、一斉改選が行われるようになりました。

法改正後、初めての改選は、本来、翌年の七月に行われるべき改選を法改正により昭和二八（一九五三）年一二月一日に早めて実施されました。この時から現行の一二月一日の一斉改選が通例化されています。その後も、民生委員法は、さまざまな改正を経て、現在に至っています。

（２）主任児童委員の設置

近年の出生率の低下に伴い、「健やかに子どもを生み育てる環境づくり」が社会の課題となっており、地域において児童・妊産婦の福祉に関する相談援助活動がますます重要になってきました。ここでも、児童委員への期待が高まっています。

そこで、平成六（一九九四）年一月一日より児童福祉に関する事項を専門的に担当する「主任児童委員」が新たに設置され、従来の区域を担当する児童委員と一体となった活動を展開することにより、児童委員活動の一層の推進を図ることになりました。

主任児童委員の職務は、児童関係機関と区域を担当する児童委員との連絡・調整の業務を行うとともに、児童委員の活動を積極的に援助・協力するものです。

（３）社会福祉基礎構造改革と民生委員法、児童福祉法の一部改正

ところで、厚生労働省は増大・多様化する国民の福祉ニーズに対応するため、昭和二六（一九五一）年の社会福祉事業法制定以来、見直しが行われてこなかった社会福祉事業の範囲や社会福祉法人のあり方、福祉サービス利用の方法など社会福祉制度の共通事項に関する見直しを平成九（一九九七）年末か

ら開始しました。その結果が平成一二（二〇〇〇）年六月に社会福祉法の制定として図られ、

①個人の選択を尊重した制度の確立

②質の高い福祉サービスの拡充

③個人の自立した生活を総合的に支援するための地域福祉の推進

等がこれからの社会福祉の理念として明確にされました。

同時に、民生委員法についても約五〇年ぶりの大改正が行われ、これまで地域社会の中にあって、ボランティアとして活動してきた民生委員・児童委員の活動実績を踏まえ、その本分を「社会福祉の精神をもって、常に住民の立場に立って相談に応じ、及び必要な援助を行い、もって社会福祉の増進に努めるものとする」（民生委員法第一条）とし、民生委員を住民の側に立った相談・支援者としての位置づけが明確にされました。

これは、全国民生委員児童委員連合会がその制度創設五〇周年（昭和四二（一九六七）年）以降策定している「活動強化方策」にあげられた「住民性」の原則を、法律上明確にしたものととらえることができます。

また、民生委員推薦会の規定の見直し、「名誉職」規定の削除が行われ、また民生委員の職務内容（第一四条）の大幅な改正も行われました。そこでは、

①住民生活状態を必要に応じ適切に把握すること。

②生活に関する相談、助言その他の援助を行うこと。

③福祉サービス利用のための情報提供その他の援助を行うこと。

④社会福祉関係者と連携し、支援を行うこと。

⑤福祉事務所その他の関係行政機関の業務に協力すること。

などが規定されました。さらに、それまで民生委員協議会の代表者を「総務」としていたものが「会長」に改められました。

また、児童福祉法の改正も行われ、近年の児童虐待の拡大と深刻化を背景に、要保護児童発見の通告に際して「児童委員を介して」福祉事務所もしくは児童相談所へ通告できる規定（第二五条）などが新たに設けられました。

（４）児童福祉法の一部改正、主任児童委員の職務

近年の児童虐待の拡大に伴って、児童委員・主任児童委員の地域における子育て支援活動や児童虐待防止活動への期待が高まっていますが、平成一三（二〇〇一）年一一月には、児童委員の職務の明確化と主任児童委員の法制化を図る児童福祉法の改正が行われました。

児童委員の職務については、児童福祉法第一二条において「児童及び妊産婦につき、その生活及び取り巻く環境の状況を適切に把握し、その保護、保健その他福祉に関し、援助及び指導をするとともに、児童福祉司又は社会福祉法に規定する福祉に関する事務所（福祉事務所）の社会福祉主事の行う職務に協力するものとする」とされていましたが、この改正によって、児童委員の職務は、

①児童等の生活や取り巻く環境状況を把握しておくこと。
②福祉等のサービス利用に関して必要な情報の提供や援助、指導を行うこと。
③児童に係る社会福祉を目的とする事業の経営者、児童の育成に関する活動を行う者と連携し、支援すること。
④児童福祉司や社会福祉主事の職務に協力すること。
⑤児童の健やかな育成に関する気運の醸成に努めること。

など民生委員の職務に準じた内容とされました。

また、主任児童委員の職務については、児童委員の職務に関わって児童の福祉に関する機関と児童委

員との連絡調整を行うとともに、児童委員の活動に対する援助及び協力を行うことが規定されました（児童福祉法第一二条の二）。なお、主任児童委員については民生委員・児童委員として厚生労働大臣から委嘱されるとともに、厚生労働大臣から「指名」されるといった規定も設けられました。

さらに、児童福祉法第一三条の二において、「都道府県知事は、児童委員の研修に関して計画を作成し、実施すること」が規定されるなど、児童委員ならびに主任児童委員の活動強化に向けての法的整備が大幅に図られる内容となっています。

また、平成一三（二〇〇一）年一二月の民生委員・児童委員の一斉改選から、それまで主任児童委員が一人しか配置されていなかった単位民児協においてその複数化が図られ、主任児童委員の全国定数も一万人から二万人へと拡大されました。

第3部

民生委員・児童委員の相談・支援

第6章　相談・支援活動

1節　民生委員の相談・支援活動とは

民生委員・児童委員の年間の相談・支援件数は、約八六七万件で民生委員ひとりが、平均年間三八件の相談・支援を扱っている計算になり、一〇日に一件のペースで相談・支援活動に携わっていることになります。（図六―一）

一人ひとりの住民や世帯に対して援助する個別支援活動は、地域住民の身近な相談・支援者としての民生委員の基本です。個別支援活動とは、住民が抱えている生活上の課題や要求などを個別的に把握し、個々の需要に応じた支援活動を展開することをいいます。

さらに、さまざまな福祉施策やサービスの内容を的確に把握・周知し、必要なサービスが利用されるようにしていくことが重要です。

2節　相談・支援活動の基本

個別支援活動とは、住民が抱えている生活上の課題や要求などを個別的に把握し、個々の需要に応じた支援活動を展開することをいいます。住民が抱える課題や要求は一人ひとり異なります。そこで、民生委員には、一人ひとりの抱える課題を相談などによって明らかにし、課題に対応するサービスを周知し、住民の生活を支えることが求められています。住民や世帯に対して支援を行う個別支援活動は、地域住民の身近な相談・支援者としての民生委員の基本的な活動です。

各種の調査活動による福祉需要の把握、福祉票やケース記録の改善・整備を行い、福祉需要を総合的に把握します。

さらに、これまでの相談・支援活動を一層強化するとともに、さまざまな福祉施策やサービスの内容を的確に把握・周知し、必要なサービスが利用されるようにしていくことが重要です。

災害時などにおける迅速な対応を行うためにも、常に担当地区地域内の実態把握に努めていくことが必要です。

また、民生委員活動を地域に根ざしたものにしていくには、民生委員活動の内容を地域住民に知ってもらうことと、担当の民生委員の顔をおぼえてもらうことが大切です。

図6－1　民生委員・児童委員の相談・支援件数（平成15年度）

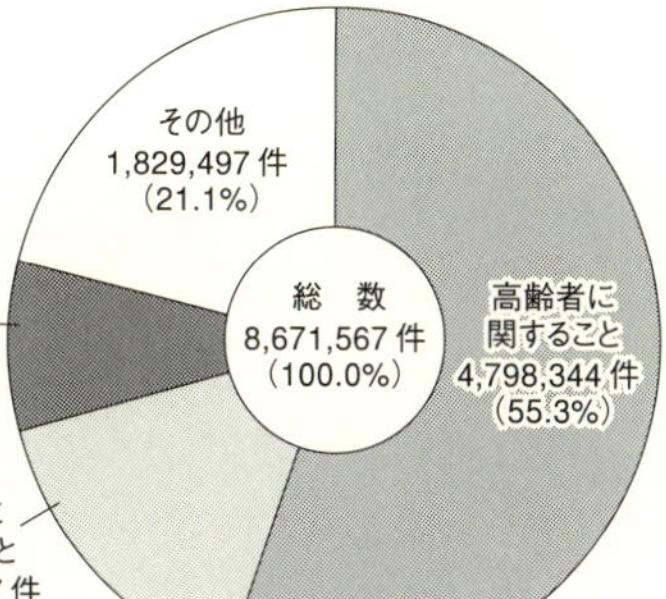

資料：厚生労働省大臣官房統計情報部　平成15年度「社会福祉行政業務報告」より

3節　実態把握の意味

（1）実態把握の目的

実態把握が重要とよくいわれますが、担当地域全ての世帯の実情をこと細かに知る必要もありませんし、不可能でもあります。

地域の課題や福祉需要の有無、特に支援を必要とする個人や世帯の抱えている課題を把握することが、民生委員活動には重要です。

（2）実態把握の方法

地域の実態把握の方法は一つではありません。地域の関係機関・団体に聞く、人の集まる場所や機会をとらえて尋ねる・観察する。住民がかかえる問題について、相談会・相談所を開いたり、訪問相談を行うなど、相談を引き出す工夫をする。アンケート調査の実施など、地域の実情にあわせて実態把握に努めることが必要です。民生委員は、常に地域住民の声に耳を傾ける姿勢を忘れないようにしましょう。

（3）実態把握の効果

実態把握の活動を通して、援助活動の対象となる地域住民や民生委員の協力者となる関係団体・機関などと良好な関係づくりが出来ることでしょう。そうしてできた関係は、その後の援助活動に生かせるネットワークの一環になることでしょう。また、地域の課題を発見することで、民生委員活動の新たな展開にも結びつきます。

そして、なにより、民生委員・児童委員活動のＰＲ効果に繋がります。

4節　相談・支援活動の工夫

(1) 相談・支援活動の目標

民生委員として、相談・支援活動を進めていく上での目標を整理すると、次のようになります。

①地域の福祉需要を的確に把握する。
②地域の福祉施策や福祉サービスを把握する。
③常に活動課題の点検を行う。
④活動の課題について関係機関との協議を行う。
⑤活動目標を適切に設定する。
⑥活動目標達成のための手順や方法を明確にする。

(2) 具体的な活動の工夫

具体的に活動を進めていく上での注意点を整理すると、次のようになります。

①当事者への情報提供や意思の確認を行う。
②相談からサービス利用まで継続した支援を行う。
③専門的な対応が必要になった場合、専門機関と連絡し対処する。

④当事者に不利益が生じたときは、必要な対応をする。
⑤当事者をめぐるネットワークや当事者組織の情報を伝達する。
⑥必要な際、近隣住民に理解と協力を求める。
⑦地区民協会長、担当民生委員、主任児童委員の役割を明確にする。
⑧緊急時の連絡体制を整える。

これらの点に注意し、ケースに応じた具体的な援助活動目標を立てて、現状を整理・点検し、課題解決への活動を工夫していくことが重要です。

（3）個人情報保護の観点から

平成一七（二〇〇五）年四月一日から「個人情報保護法」が完全施行されました。民生委員には、活動上知り得たクライアント等のプライバシー情報の秘密保持が義務づけられています。相談活動では、このプライバシー情報の扱いも重要になってきます。但し、「プライバシー情報」と「個人情報」は別の概念です。

プライバシー情報の概念

①個人の私生活上の事実に関する情報
②まだ社会一般の人が知らない情報
③一般人なら公開を望まない内容の情報

①～③の条件をすべて満たす情報がプライバシー情報です。これに対して、「個人情報」は、①～③の条件とは関係なく「その情報によって、生存している特定の個人を識別できるもの」を指します。個人情報を正しく理解するためには、プライバシー情報とは切り離して考えていく必要があります。

今回施行された「個人情報保護法」は、事業目的で個人情報を収集している企業・個人事業者・商店などで五〇〇〇人以上の整理された個人情報を扱う事業者が対象とされています。民生委員は、この法律の対象者にはあたりませんので、これまでの活動に大きな変化をもたらす物では無いと考えられます。

しかし、民生委員が知り得たクライアント情報の取り扱いには、充分な注意が必要でしょう。ＩＴ技術が進歩して、さまざまな情報のやりとりにインターネットを利用したり、相談記録などを民生委員自身のパソコンで整理したりすることもあるでしょう。そのパソコンがインターネットに常時接続されている場合などは注意が必要です。

検討事例　低所得分野

生活保護を拒否するMさんとのかかわり

〔世帯構成・取り巻く状況〕

・Mさん　男性　六二歳　トタン張りの六坪くらいの家でひとり暮らし（ホームレスのような生活）
・七人兄弟の長男。うち四人と両親は既に死亡。存命の弟、妹とは疎遠。
・近隣との関係は悪く、孤立している。
・通行人がMさん宅を火事だと間違え通報。消防署が出動し、ドアノブを壊して進入。そのことでMさんは激怒し、関係が悪くなる。
・生活の様子を案じた消防署が役所に連絡。役所から民生児童委員に調査の依頼が来る。
・民生児童委員がMさん宅を訪問。Mさんは支援を拒否する。

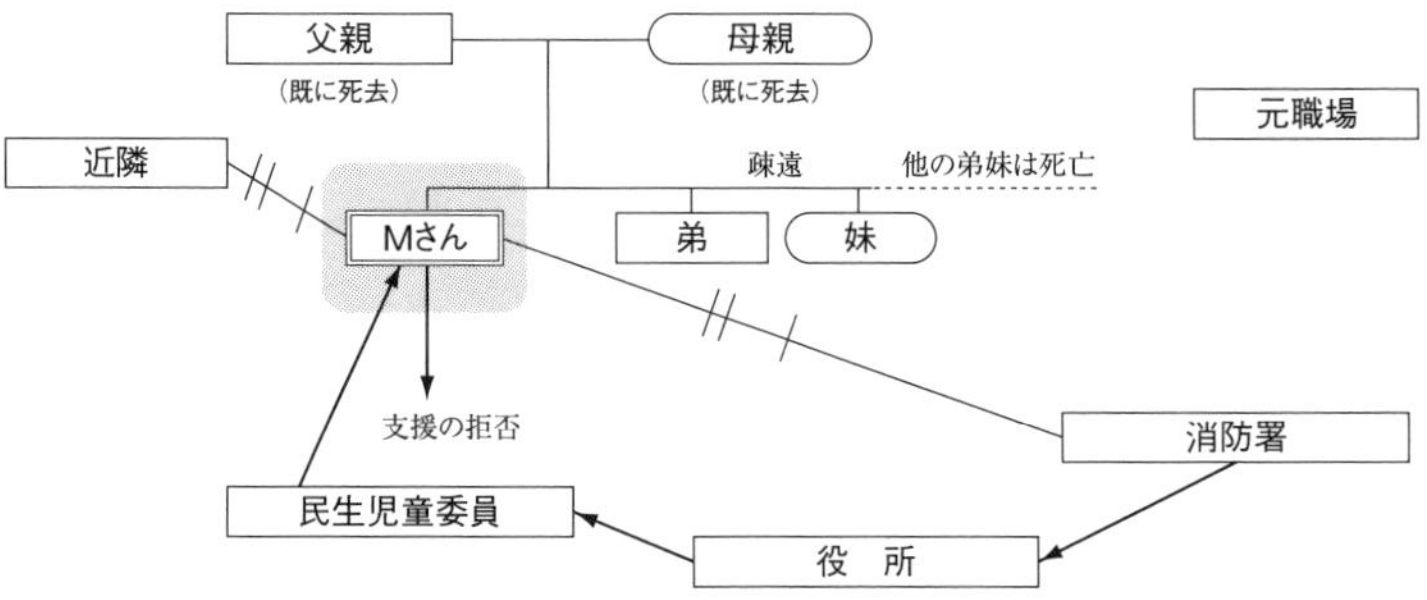

事例の経過

取り組みの発端

一　おとしの一〇月の朝、役所から民生児童委員に連絡。担当地区のMさん宅から煙が出ているとの通報で、消防署が出動したところ幸い火災ではなかったが、生活面でのMさんへの支援の要請が役所にあったとのこと。Mさんが生活に困る様子なら、生活保護の相談に来るように伝えてほしいとの内容。

二　その日のうちに民生児童委員がMさん宅を訪問する。六坪くらいのトタン張りの平屋で、電気メーターは付いているものの、針は回っておらず、人の住んでいる気配もない。商店が倉庫として使っているのかと思い、以前近所の人に聞いたことがあったが、詳しく話そうとはしてくれず、以前より不審に思っていた家であった。

三　民生児童委員がノックをしたが応答なく、玄関のドアを引くと開いたので、声を掛けると中からMさんらしい人が出て来る。訪ねた理由を話すと、「消防署が来て玄関の戸を壊してしまった」と一方的に怒鳴りつけられる。とても会話ができる状態ではない。Mさんの話では、家の中で七輪で煮炊きをしていたところ、家のすき間から出ていた煙を通行人が火事と間違えて通報したとのこと。興奮している様子で取り付く島もなく、ひとまずはけがもないようなので引き返す。

四　翌日、再度訪問。Mさんは相変わらず、消防署がドアを壊したことしか言わない。その言い分を一度受けとめ、「私から消防署に話して直してもらうようにしますので」と申し出ると、ようやく納得されて民生児童委員の話を聞いてくれるようになった。

五　Mさんの生活状況を伺うと、電気、ガス、水道を止められ、何年もお風呂に入っていないとのこと。まるでホームレスのような生活。役所に行って生活保護の相談をするように勧めたが、「足が痛くて歩けないので、役所が家に来てくれ」とのことであった。

六　民生児童委員が役所へMさん宅に訪問してもらえないかと話したところ、生活保護の相談は役所にMさんが行かなくてはならないとのこと。早速Mさんに「私の車で一緒に役所へ行きましょう」と誘ったが、拒否される。取り急ぎ、Mさん宅の壊れたドアの外側に、外出時のための南京錠を付ける。家の中に居る時は、ひもで縛ってドアを固定した。その間も何度か訪問し、Mさんに役所に行くように勧めたが、その気がないらしい。

取り組みの状況

〔生活保護の拒否〕

一　そのうち、Mさん宅を訪問しても、民生児童委員を避けている様子が見受けられた。それでも民生児童委員は何とかMさんと話をしようと試みたが、とりわけ生活保護のことになると、「税金なので、そのような援助は受けられない」と強い拒絶を示す。

二　民生児童委員は何とかして援助を受けてもらおうと、憲法などを引き出して話をした。生まれたからには誰もが人として普通に生活するのは当然のことで、福祉の制度を利用するのは恥ずかしいことではないと何度も話したが、Mさんにはなかなか分かってもらえず、途方に暮れた。

〔役所からの訪問〕

一　ぼや騒ぎから数週間たった頃、役所の在宅福祉の担当者から、保健師二人を連れてMさん宅を伺いたいとの連絡。民生児童委員も同行する。

二　Mさんは急に四人も訪問したため、驚いて興奮し、よく分からないことを話していたが、そのうちいくらか落ち着いてきたので、保健師が血圧を測定する。高血圧のため、病院での受診を勧めるが、Mさんは受診を拒否。精神的な疾患も疑われたが、とりあえず緊急な処置は必要ないとのことで、しばらくはこのまま様子を見ることになる。

〔近所の方からの情報〕

一　何度も訪問しているうちに、近所の方も民生児童委員のことを信頼し始めたのか、少しずつMさんの様子を話してくれるようになる。Mさんは収入がないため、夜中にゴミをあさり食べ物を探しているとのこと。

二　近所の方は、Mさんのうわさ話をしていたことが知れるとMさんから怒鳴り込まれることもあり、これまでは詳しく話せずにいたとのこと。身なりもホームレスのようで、行動も普通でないところがあり、何かあると怖いので、近所の人はかかわらずにいたらしい。隣に住む町会長でさえ、Mさんと口をきくこともなく、顔もよく分からない状態であった。

〔継続的なかかわり〕

一　民生児童委員は食事にも不自由しているだろうと思い、弁当を届けるが受け取ってもらえず。次第に寒くなってきたので、使い捨てカイロを届ける。血管が切れては大変だからと勧めると、受け取ってもらえる。このことがきっかけになり安心してもらえたのか、その年の暮れ、社協の歳末見舞金を申請して届けると、受け取ってもらえる。後日、訪問した際ドアのすき間からのぞくと、そのお金で購入したと思われるペットボトルのお茶などが並んでいた。

二　民生児童委員の根気強いかかわりで、何度か訪問するうちに、Mさんがこのような生活に至った経緯も伺うことができた。以下のとおり。

〈Mさんの生活の様子〉

・公務員として働いていたが、不祥事を起こして退職。その後、日雇いの仕事で生計を立てていたが、近年の不況や年齢的な問題から仕事がなくなり、家に引きこもるようになる。

・Mさんは長男として父親の期待を一身に受け、兄弟で唯一大学に行くが、その後の経緯で家族を裏切る結果となってしまう。またMさんには母親にかわいがられなかったという不満感が強い。現在では弟、妹はそれぞれ家庭を持ち、Mさんとは関係を絶っている。

三　役所からは保健師との訪問の後、特に連絡はなかったが、民生児童委員は引き続きMさん宅を定期的に訪問し、声掛けを続けた。しかし留守であったり、積極的には話したがらない様子があったので、一週間に一度、最近のニュース等を織り交ぜた手紙を届けるようになった。

〔Mさんの緊急入院〕

一　九ヵ月たった七月のある日、民生児童委員がいつものようにMさん宅を訪ね、声掛けをし手紙を置いて帰ろうとすると、家の中から民生児童委員の名を呼ぶ声に気が付く。ドアのすき間から呼び掛けると、Mさんの方から「ひもを解いて、ドアを開けてください」との訴えがあった。ひもを解いて玄関に入ると、Mさんがはいずって出てくる。「この足を見てください」というMさんの足は、よごれとどす黒い血で腫れ上がっていた。

二　本人の承諾を得、すぐに役所に連絡をした上で、救急車で搬送。病院では入浴してから足の切断になるとのこと。

三　翌日、役所から民生児童委員に、本日中に切断をするとの連絡がある。一週間後、病院を訪ね、院長からMさんの容態を聞く。切断部分は親指周辺のみと最小で済んだが、本人は落ち込んで死にたいと話しているので、会ってあげてほしいとのこと。

四　民生児童委員が病室を訪ねると、見違えるようにきれいになったMさんがベッドに横たわっていた。思いのほか元気で、落ち込んだ様子も見られず、久しぶりに人並みの生活ができることに安どしているようにも見えた。Mさんは民生児童委員が差し入れたラジオを受け取ってくれた。

〔その後の経過〕

一　Mさんは医療扶助を受け、三ヶ月程度入院。退院してからは、生活保護を受けずに生活していた。民生児童委員は定期的に訪問していたが、一ヶ月半後、自宅前の路上で亡くなっていたところを通行人に発見される。

二　身元の確認ができなかったので、民生児童委員が警察に呼ばれ対応。その後役所から、Mさんの弟に連絡が行き、遺体を引き取ってもらう。Mさん宅は弟が処分した。

三　家を整理・処分する際に立ち会った役所の方によれば、入院中ケースワーカーが届けた生活費が、そのまま手を付けられずに残っていたとのこと。

（註）「検討事例―低所得分野―」は、東京都民生児童委員連合会『第五八回東京都民生委員・児童委員大会資料　東京都民生委員・児童委員活動実績とその事例―第二一集―』（平成一六年一一月）より一部抜粋したものである。

第７章 見守り活動

１節　見守り支援活動の必要性

（１）家庭力低下の現状と課題

近年、福祉需要の高度化・多様化により、支援を必要とする個人や世帯の問題は、複雑で解決が極めて困難になっています。とりわけ、核家族化に伴い大家族的な家庭内扶助機能が急速に低下し、育児や介護をめぐる家族の孤立化が進行しているのが現代社会の問題のひとつになっています。また、進学や就職を契機に親元から離れて結婚に至ることも多く、家族モデルを十分持ちにくいまま親の立場になることも多くなりました。その結果、子どもが育つプロセスで、社会性を身につけたり、他人に対する思いやりを持つということが難しくなっているようです。

内閣府の実施した、国民生活選好度調査―家族と生活に関する国民意識―平成一四（二〇〇二）年四月では、親子の絆に対する意識について興味深い結果が示されています。（図七―一）

最近親子の絆が弱まってきている（「全くそう思う」＋「どちらかといえばそう思う」）と答えた人の割合は六一・三％と、全体の六割の人が親子の絆が弱まってきていると考えています。この結果から、家庭内部でさまざまな問題が潜伏していることが予想され、地域で親子ともどもの人間的成長を支援することが必要だといえましょう。このように、低下しつつある家庭力を地域で意識的に補完するために、民生委員の支援・相談活動や親子の交流機会活動が重要になっています。

（2）見守り支援のネットワーク化

この複雑・多様化した家庭内の課題を民生委員だけで見守り、支援することは困難でしょう。地域の関係機関・団体やボランティア、住民と積極的に連携し、さらに保健・医療分野の援助も必要となります。このような、地域の様々な支援パワーをネットワーク化して、関係者の参加を得ることで、支援を必要とする、個人や家庭に信頼化と安心感を与えることが、今、民生委員に求められています。

こうした背景のもと民生委員・児童委員は必要に応じて関係機関・団体・住民などと連携し、協力体制を組む活動（小地域ネットワーク化）を展開することで、地域の要援助者を見守る体制づくりが出来るのです。

図7―1　親子の絆に対する意識

あなたは、最近は一般に親子の絆が弱まってきているという考え方について、どのように思いますか。（○は1つ）

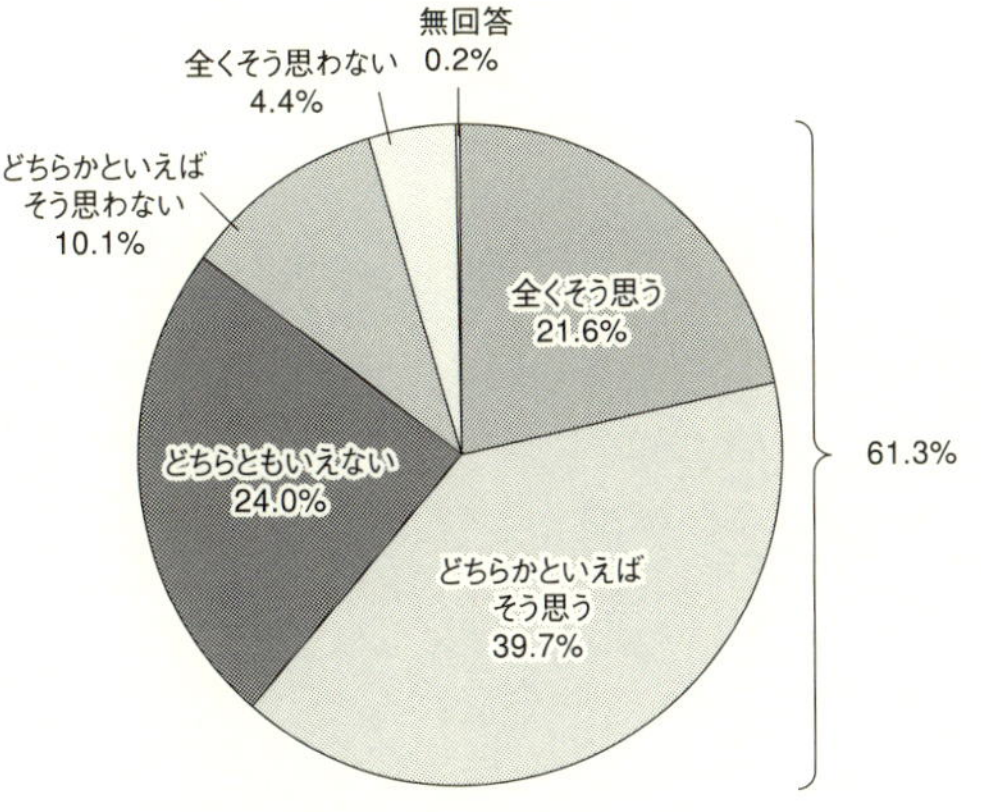

資料：内閣府　国民生活選好度調査「家族と生活に関する国民意識」平成14年4月より

（3）見守り活動の意義

小地域での見守りネットワーク活動をすすめる意義は、主に以下のようなことが考えられます。

①地域を基盤とした福祉課題の早期発見・予防・対応システムの構築。
②住民の暮らしの場から地域福祉への参加機会を提供。
③個別のサービスを通して、新たな活動へと展開。
④地域内の福祉、保健、医療関係者のネットワーク形成。
⑤個別ケースの援助を通して、住民の暮らしを豊かにする。
⑥地域福祉推進のキーパーソンの発見と育成。

2節　見守り支援活動の体制づくり

見守り支援活動をすすめる際は、地域住民の参加を得て、地域のボランティアと民生委員の連携から始めます。支援を必要とする個人や世帯を日常的に見守り、支援するネットワーク活動の基盤をつくることが重要です。また、個別ケースに応じた支援活動に関連する分野について関心を高め、読む・聞くだけでなく、自ら地域に出向き情報収集に努めなければなりません。

支援内容が多岐の分野にわたってきた場合は、福祉・保健・医療・教育などさまざまな関係機関との連携・協力を地域で進めなければなりません。人と人とのつながりが活動を生み出し、活発になっていくカギとなります。支援を必要とする個人や世帯、協力者、それぞれの立場での人間関係を作っていきましょう。その為にも、民生委員は人と出会う機会を増やし、日頃から地域で開催される行事や会合に積極的に参加したり、活動テーマに関する講演会・学習会・講座などに参加したりすることが必要です。

これからの社会では、今まで以上に、地域住民やボランティアなどの参加を得て、地域を基盤とした支援を必要とする個人や世帯を包む援助体制（ネットワーク）が必要となってきます。民生委員はその中心を担い、専門相談機関をはじめ福祉・医療・保健などの社会資源との連携を強化していくことが求められています。

3節　ネットワークの構成

（1）構成要素

見守り支援ネットワークの構成者（団体）としては、以下のようなものがあります。

①地域のネットワーク
・民生委員・児童委員、主任児童委員
・近隣住民
・友人、知人、親戚
・ボランティア
・ＮＰＯや生協などの助け合い組織
・ホームヘルパー

②福祉分野の関係機関・団体
・福祉事務所
・児童相談所
・社会福祉施設（高齢者施設、障害者施設、児童施設）
・社会福祉協議会
・福祉を主な活動とする民間団体
③保健・医療分野の関係機関・団体
・保健所
・保健センター
・病院・診療所
・医師、保健師、看護師
④教育分野の関係機関・団体
・小学校、中学校、高校
・教育委員会
・育成会
・公民館
⑤安全・防災面の関係機関・団体
・警察署
・消防署
・消防団

(2) 民生委員の役割と関係機関・団体の役割分担

ネットワークを構築する場合には、それぞれの関係機関・団体の活動内容を十分に理解する必要があります。その為にも、それぞれの関係機関・団体の担当者と定期的に情報交換を行い、良好な人間関係を構築しておくことが重要です。

役割についても、機械的に割り振らずに、個別のケースに応じて検証し、必要な部分・出来るところからネットワークを形成していきます。

4節　見守り活動の工夫

(1) 見守り活動の目標

民生委員として、見守り支援の体制づくりを進めていく上での目標を整理すると、次のようになります。

①地域の社会資源を活用した適切なネットワークづくり。
②支援を必要とする個人や世帯、関係機関・団体の合意形成。
③問題解決へ向けての手順や方法を明確にする。
④当事者の意思を確認して活動に反映させる。
⑤見守りネットワークの役割分担の明確化。

（2）具体的な活動の工夫

具体的に活動を進めていく上での注意点を整理すると、次のようになります。

①活動を進める時には、支援を必要とする個人や世帯の了解を得る。
②関係機関・団体などと定期的に話し合いを行う。
③情報の共有化が必要な場合のプライバシー保護の徹底。
④活動に参加するボランティアや近隣住民との連携。
⑤地域住民へのネットワーク活動参加への働きかけ。
⑥緊急時の連絡体制を整える。

これらの点に注意し、ケースに応じた具体的な援助活動計画を立てて、現状を整理・点検してください。そして、ネットワークの構築から課題解決へ向かって、一歩ずつ、確実に進んでいくことが重要です。

（3）個人情報保護の観点から

地域での見守り活動には、地域の関係機関との連携が重要になります。3節に示したような見守り支援ネットワークの構成者（団体）の中には、平成一七（二〇〇五）年四月一日から施行された「個人情報保護法」が適用される事業者もあります。（個人情報保護法の対象事業者については、第6章4節（3）を参照）

民生委員には、活動上知り得たクライアント等のプライバシー情報の秘密保持が義務づけられていますが、連携する機関にも「プライバシー保護」や「個人情報保護」の規定や義務があります。これらを確認したうえで、関係機関とは、クライアントの生活支援の観点からクライアント情報の充分なやり取りが業務上、必要となりますので、プライバシー保護の観点に充分な配慮をしたうえで活動をすすめましょう。

インターネットを利用した情報のやり取りや、パソコンでの情報保存については、情報管理に注意が必要です。

第8章 高齢者への支援活動

1節　高齢化の現状と推移

わが国の総人口は、平成一五（二〇〇三）年一〇月一日現在、一億二、七六二万人となっていますが、このうち、六五歳以上の高齢者人口は二、四三一万人であり、総人口に占める割合（高齢化率）は一九・〇％となっています。

六五歳以上の高齢者人口を男女別にみると、男性は一、〇二六万人、女性は一、四〇五万人で、性比（女性人口一〇〇人に対する男性人口の割合）は七三・〇となっています。また、高齢者人口のうち、前期高齢者（六五〜七四歳）人口は一、三七六万人（男性六四一万人、女性七三五万人、性比八七・二）、後期高齢者（七五歳以上）人口は一、〇五五万人（男性三八五万人、女性六七〇万人、性比五七・五）という構成です。（表八―一）

なお、全国の一〇〇歳以上の高齢者は、平成一五（二〇〇三）年九月現在で二万人を超え、昭和三八（一九六三）年から三三年連続で過去最高を更新しましたが、平成一〇（一九九八）年に一万人を突破してからわずか五年で二倍になるという急速な増加を示しています。（図八―一）

わが国の六五歳以上の高齢者人口は、昭和二五（一九五〇）年には総人口の五％に満たない状況でしたが、四五（一九七〇）年に七％を超え（いわゆる「高齢化社会」）、さらに、平成六（一九九四）年には一四％を超えており（いわゆる「高齢社会」）、高齢化が急速に進行しています。

表8−1　高齢化の現状

		平成15年10月1日				平成14年10月1日				増加数（総数）	増加率（総数）
		総数	男	女	性比	総数	男	女	性比		
人口（万人）	総人口	12,762	6,230	6,532	95.4	12,744	6,225	6,518	95.5	18	0.1
	高齢者人口（65歳以上）	2,431	1,026	1,405	73.0	2,363	996	1,367	72.9	68	2.9
	前期高齢者（65〜74歳）	1,376	641	735	87.2	1,359	632	726	87.1	17	1.3
	後期高齢者（75歳以上）	1,055	385	670	57.5	1,004	364	641	56.8	51	5.1
	生産年齢人口（15〜64歳）	8,540	4,287	4,253	100.8	8,571	4,302	4,269	100.8	△ 31	△ 0.4
	年少人口（0〜14歳）	1,791	918	873	105.1	1,810	928	883	105.1	△ 19	△ 1.0
構成比	総人口	100.0	100.0	100.0		100.0	100.0	100.0		-	-
	高齢者人口（高齢化率）	19.0	16.5	21.5		18.5	16.0	21.0		-	-
	前期高齢者	10.8	10.3	11.3		10.7	10.2	11.1		-	-
	後期高齢者	8.3	6.2	10.3		7.9	5.8	9.8		-	-
	生産年齢人口（15〜64歳）	66.9	68.8	65.1		67.3	69.1	65.5		-	-
	年少人口（0〜14歳）	14.0	14.7	13.4		14.2	14.9	13.5		-	-

資料：総務省統計局「推定人口」（各年10月1日現在）
（注）「性比」は、女性人口100人に対する男性人口の割合

図8−2　100歳以上の高齢者数の年次推移

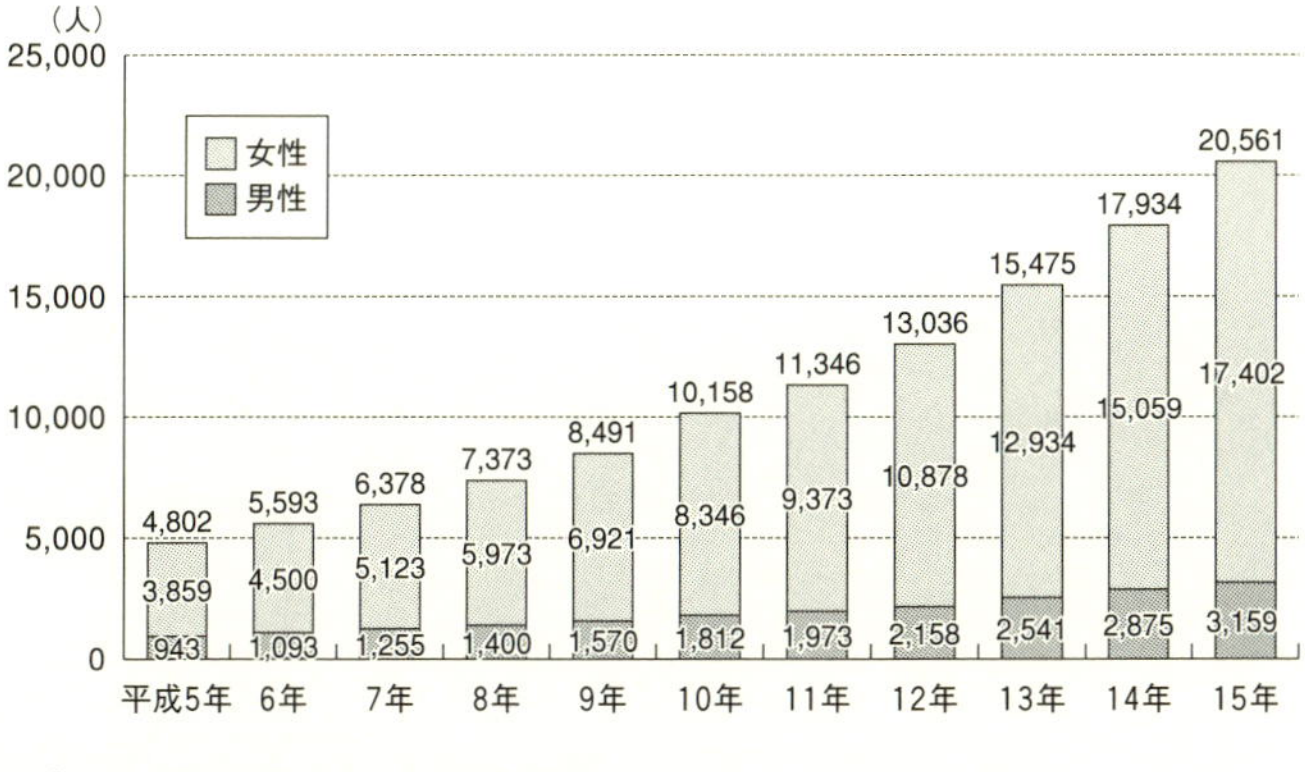

資料：厚生労働省「百歳長寿者に対する状況等について」（平成15年度）
（注）対象者は、本年度中に百歳に達する者とする。海外在留邦人、永住している在日外国人についても同様の扱いとする。

今後も、高齢者人口は平成三二（二〇二〇）年まで急速に増加し、その後はおおむね安定的に推移すると見込まれています。一方で、総人口が一八（二〇〇六）年にピークを迎えた後、減少に転ずることから、高齢化率は上昇を続け、二七（二〇一五）年には高齢化率が二六・〇％、六二（二〇五〇）年には三五・七％に達し、国民の約三人に一人が六五歳以上の高齢者という本格的な高齢社会の到来が見込まれているのです。

また、高齢者人口のうち、前期高齢者人口は平成二八（二〇一六）年をピークにその後は減少に転ずる一方、後期高齢者人口は増加を続け、三〇（二〇一八）年には前期高齢者人口を上回るものと見込まれており、高齢者数が増加する中で後期高齢者の占める割合は、一層大きなものになるとみられています。（図八―三）

図8―3　高齢化の推移と将来推計

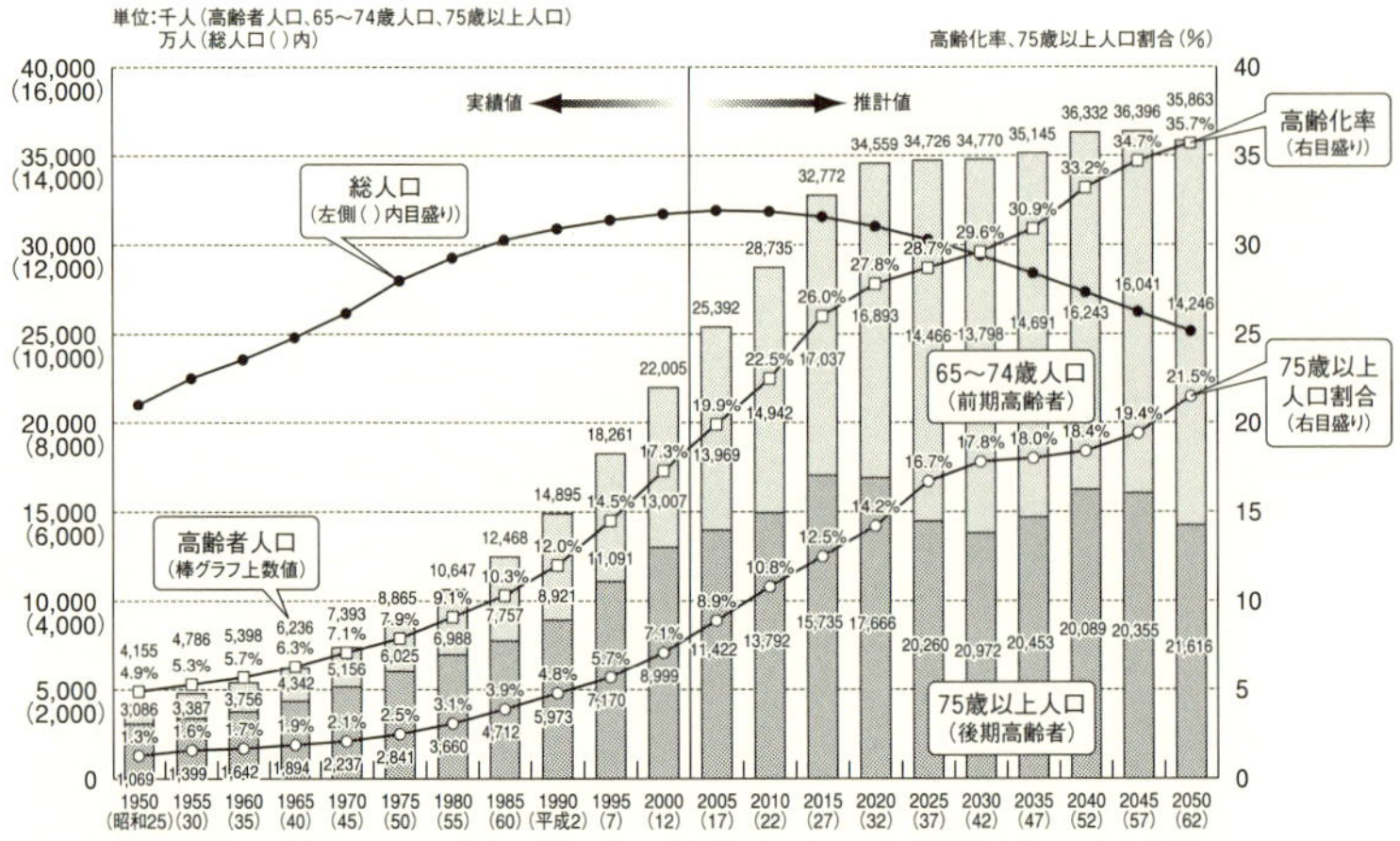

資料：2000年までは総務省「国勢調査」、2005年以降は国立社会保障・人口問題研究所「日本の将来推計人口（平成14年1月推計）」
（注）1955年の沖縄は70歳以上人口23,328人を前後の年次の70歳以上人口に占める75歳以上人口の割合を元に70～74歳と75歳以上人口に按分した。

2節　高齢者をめぐる課題と対応

高齢者の増加とともに、高齢者を抱える家族も増加しています。（図八―四）特に、高齢者の単独世帯（ひとりぐらし）や高齢者の夫婦のみの世帯が、増加の一途をたどっています。それにともない、独居高齢者の孤立や、高齢者が高齢者を介護する老老介護などの問題が浮上しています。

これらへの対応上の視点としては、地域の見守りネットワークの形成（「問題なし」「声かけ」「軽度生活援助」「要介護」など、相手のニーズに応じた相談・連絡・生活支援体制）、ネットワーク会議等による地域支援機能の活性化　（社会福祉協議会、民生委員・児童委員、福祉委員、ボランティア、家族等の連携）、地区ごとの交流拠点の形成（ふれあいサロン、宅老所、老人クラブ等）、「高齢者なんでも相談所」等の設置（社会福祉協議会、民生委員・児童委員、専門機関等の連携）、独居高齢者に対する配食サービス（デイサービスセンターとの連携や民間活力による内容・回数の充実）、高齢者のエンパワメントの創出（生きがい活動、健康づくり活動・高齢者筋力向上トレーニング、ボランティア、就労等）、地域全体の健康づくり活動の活性化（住民の役割分担に基づく自主的活動）、介護予防や地域生活支援に向けた住民の協力と専門機関の連携（地域ケア会議等の活性化）、グループホーム・宅老所の多機能化（通う、泊まる、交流する、サービスを派遣する）などが考えられます。

ひとり暮らし高齢者世帯への対応は大変重要ですが、高齢夫婦世帯が多い現実にも着目し、それらの世帯へのサポート体制と同時に、元気な高齢者がエネルギーを発揮できる機会を地域の中に創出していく必要があります。

図8－4　世帯構造別にみた65歳以上の者のいる世帯数及び構成割合の推移

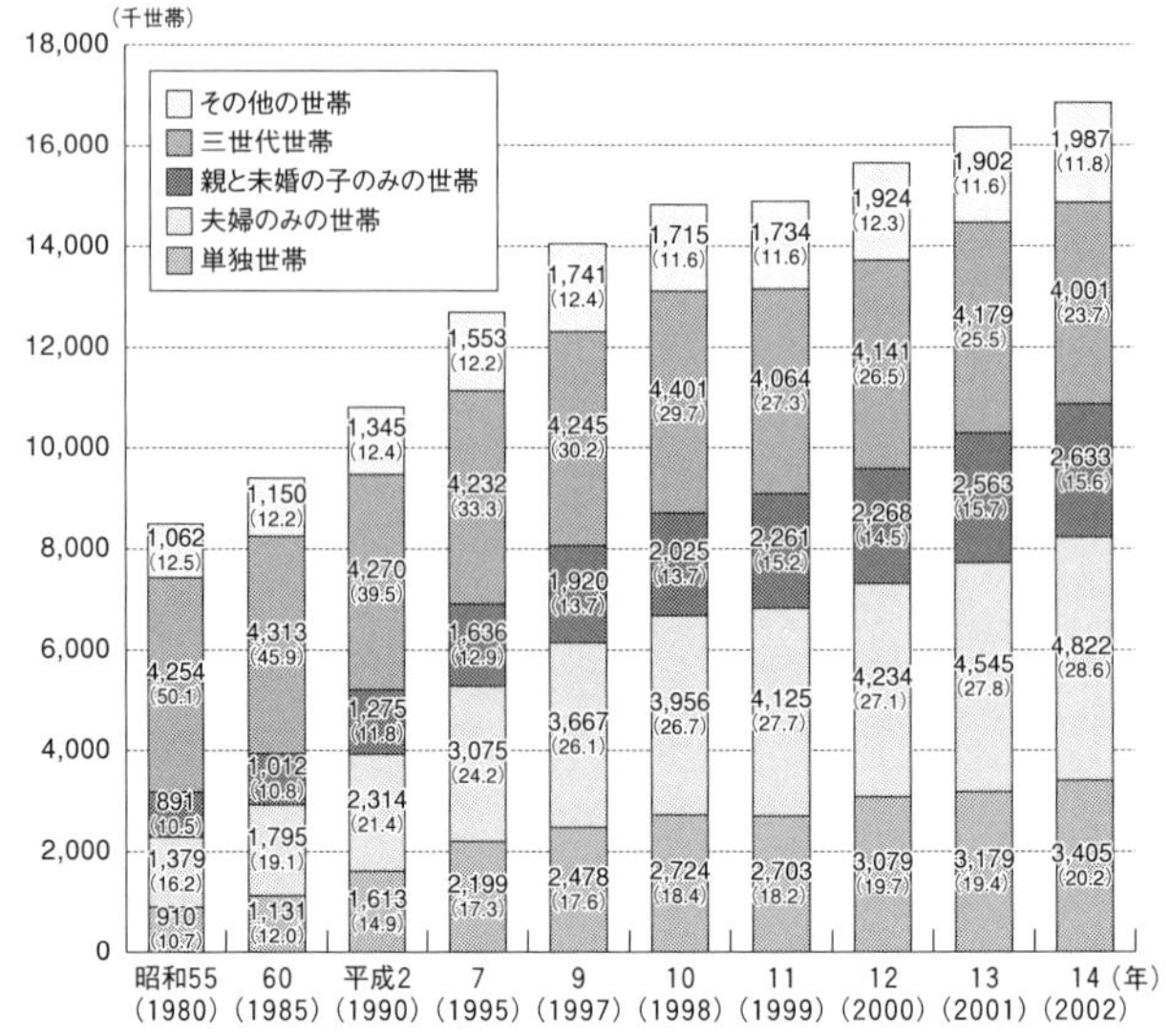

資料：昭和60年以前は厚生省「厚生行政基礎調査」、昭和61年以降は厚生労働省「国民生活基礎調査」
（注1）平成7年の数値は、兵庫県を除いたものである。
（注2）（ ）内の数字は、65歳以上の者のいる世帯総数に占める割合（%）

図8－5　ひとり暮らしの高齢者の動向

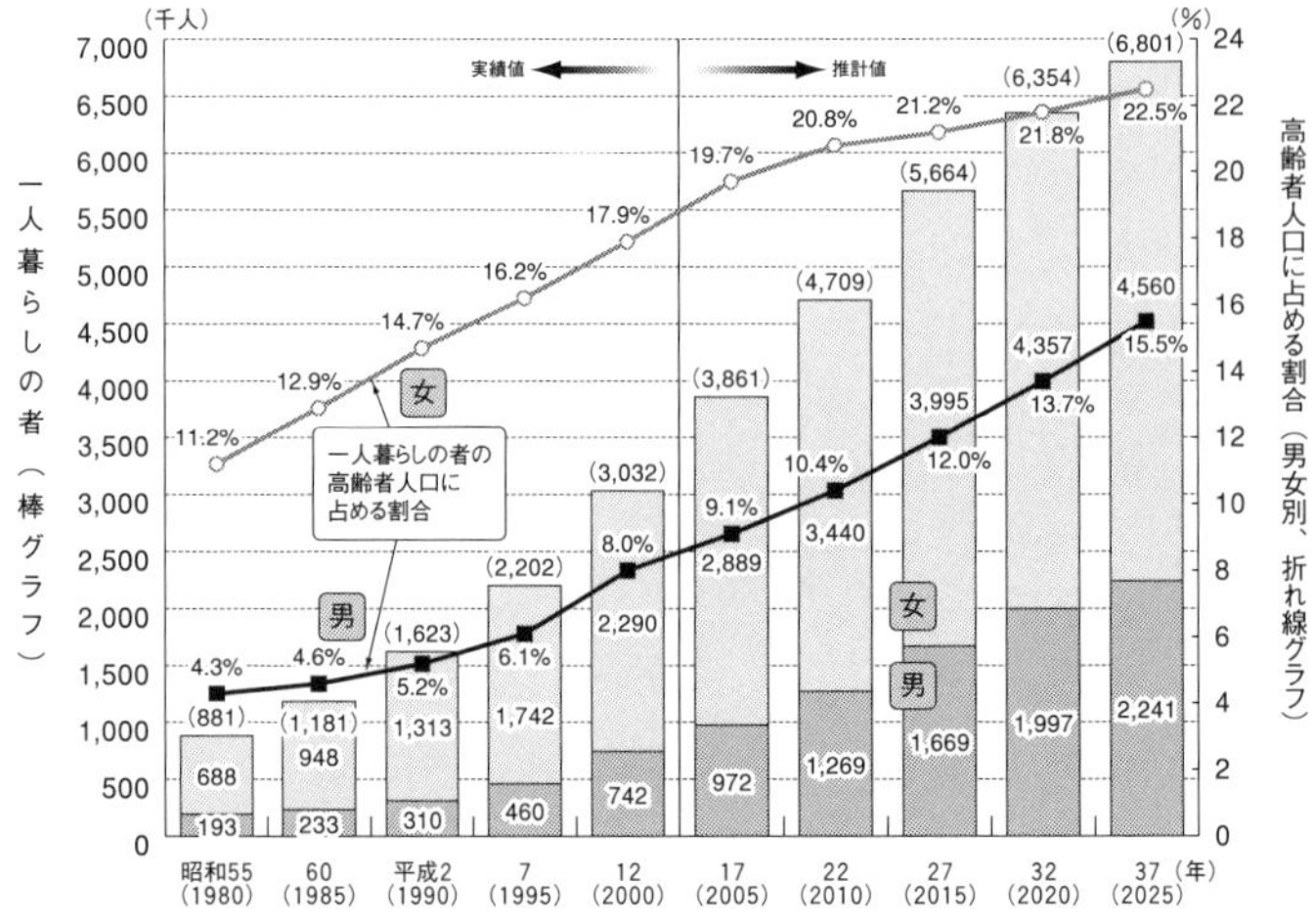

資料：平成12年までは総務省「国勢調査」、平成17年以降は国立社会保障・人口問題研究所「日本の世帯数の将来推計（平成15(2003)年10月推計）」「日本の将来推計人口（平成14(2002)年1月推計）」
（注）棒グラフの上の（ ）内は65歳以上の一人暮らし高齢者の男女計

３節　高齢者支援活動での民生委員の役割

（一）高齢者支援活動の意味

近年、民生委員の相談活動の中で高齢者に関する相談がその大多数を占めています。（図八―六参照）民生委員は、友愛訪問などの活動を通して、高齢者の生活上の悩みや問題を発見し、その支援ネットワークを確立する必要があります。高齢者が安心して地域社会で生活するためには、地域住民と協力して、地域環境を点検・把握する活動や、住民の高齢者への理解を高める活動を積極的にすすめていくことが重要なのです。

（二）高齢者支援活動の目標

高齢者の暮らしやすいまちづくりに向けて、担当地域内のハード環境や社会資源の活用について、点検・改善に積極的に協力することは、民生委員のもう一つの役割でしょう。

また、行政や社会福祉協議会などの地域福祉計画や地域福祉活動計画の策定にあたっては、民生委員協議会として意見を反映させる努力も大切です。住民の身近な福祉キーパーソンとして、常に地域暮らす高齢者の意見に耳を傾けておく必要があります。

図8―6　関係制度別の相談件数の推移

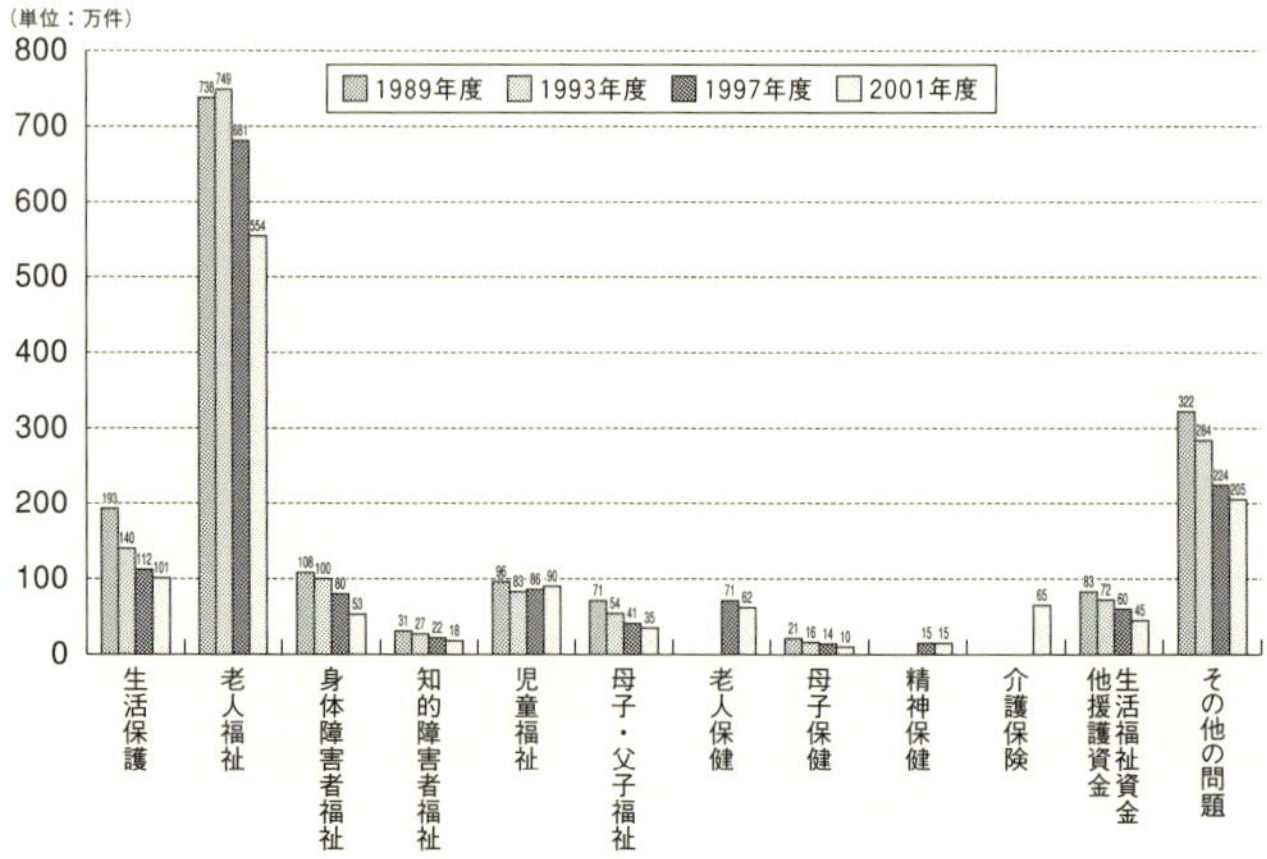

図8―7　相談・指導以外の活動件数の内訳と推移

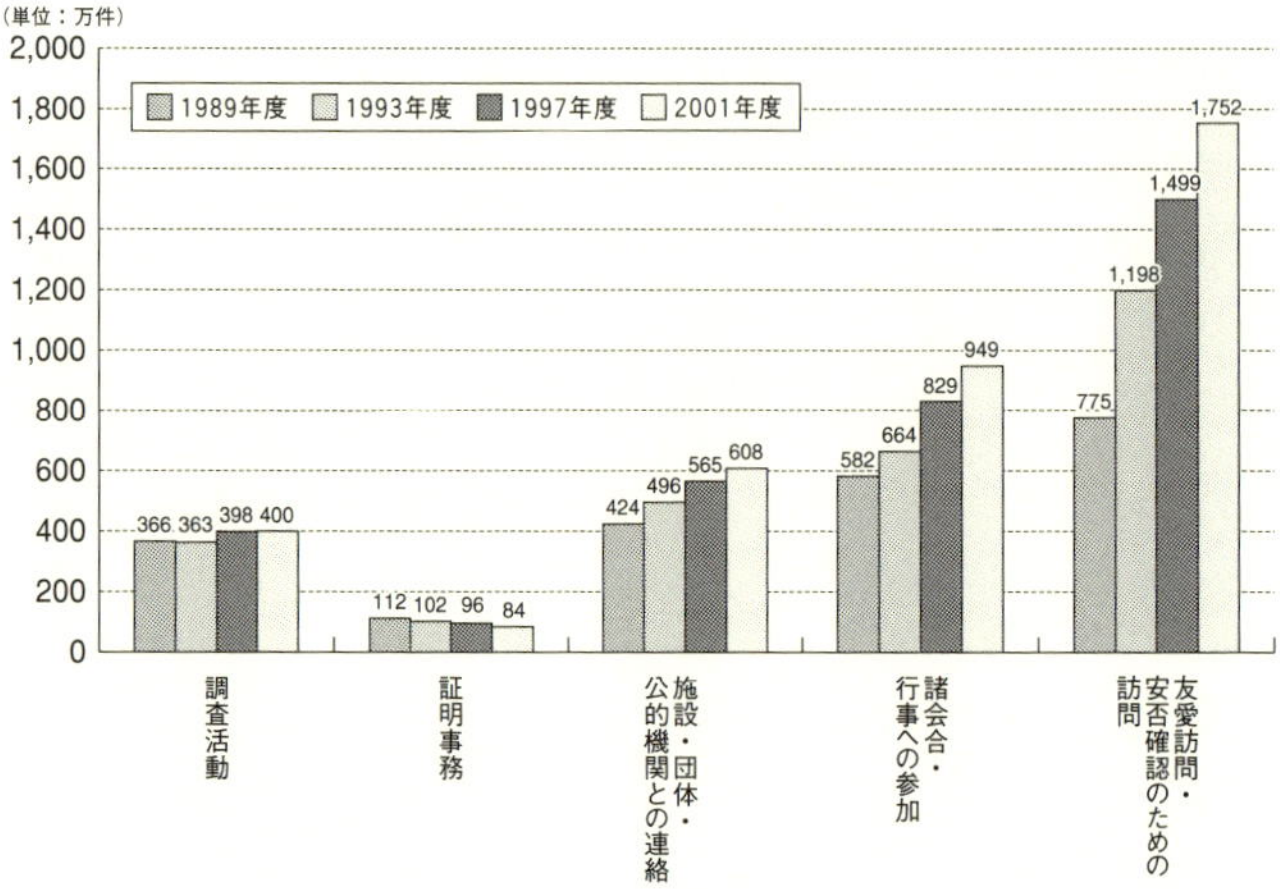

検討事例　高齢者福祉分野

福祉サービスを拒むＯさんが心を開くまで

〔世帯構成・取り巻く状況〕

・Ｏさん　女性　七〇歳代前半　現在ひとり暮らし

・既婚歴はなく、これまで一人で生活してきた。

・両親はすでに亡くなっている。

・実姉が近県に在住。実姉とは年に一〜二回会っている模様。

・緊急連絡先は実姉となっている。

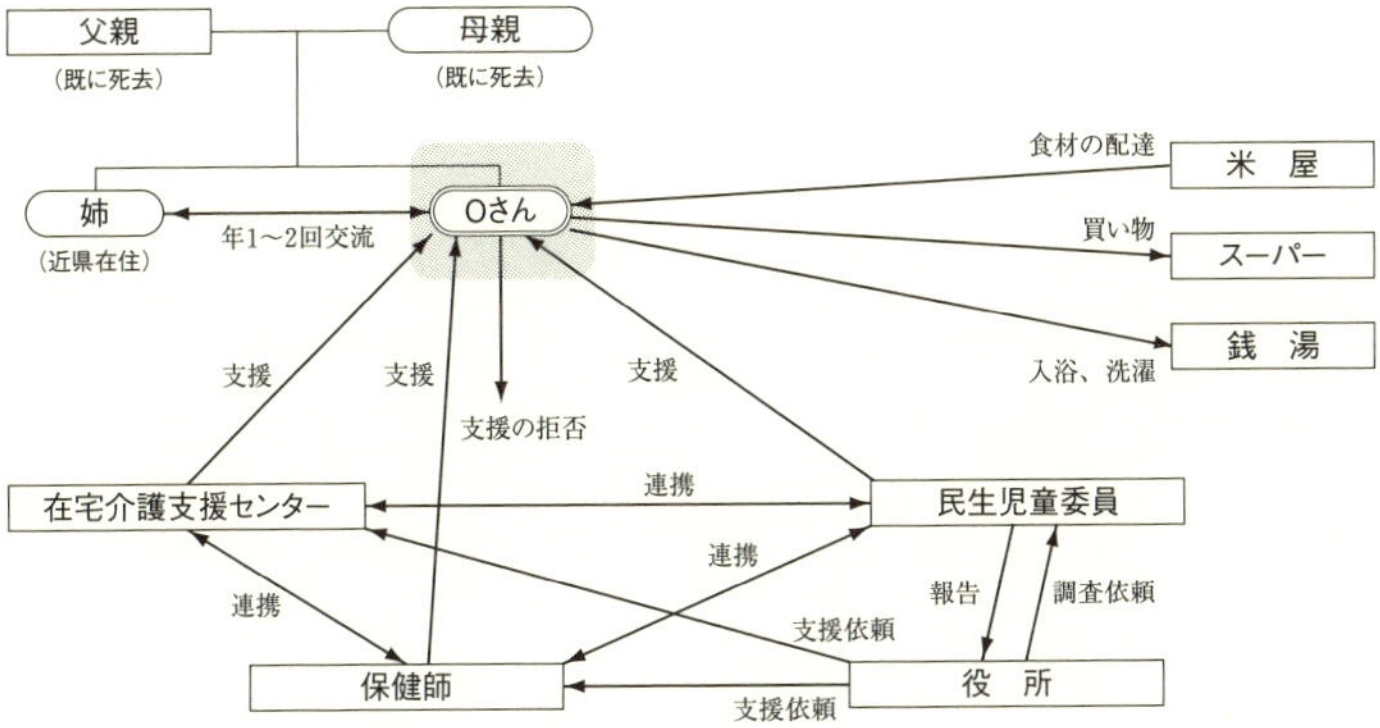

事例の経過

取り組みの発端

一　Ｏさんに初めてあったのは、平成三（一九九一）年。役所から毎年依頼される六〇歳以上のひとり暮らし高齢者を対象とした調査によりＯさん宅を訪問した。

二　Ｏさんとの会話の中で、何年もリュウマチに悩んでいることが分かった。そこで、Ｏさんがリュウマチで何年も悩んでおり何らかの支援が必要であることを調査票に記入し役所に報告した。その結果、保健師が訪問するようになった。

取り組みの状況

〔Ｏさんについて〕

一　既婚歴はなく、これまで一人で暮らしてきた。性格はきちょうめんで、頑張り屋さんである。

二　生活（食事、入浴、排泄）は自立しており、歩行は片足を引きずりながらも自力で歩くことができる。

三　二階建て木造アパートの二階に住んでおり、部屋の中もきちんと整頓されている。近所との付き合いはなく、買い物は夕方から夜にかけて週に二回程度、近所のスーパーに出掛けている。遅い時間に出掛けるのは片足を引きずりながら歩く姿を見られたくないからと思われる。昼間は、家の中にずっと居るようである。

四　家に電話はなく、携帯電話のみ所有している。携帯電話の名義は姉となっている。

五　食事の材料は近所の米屋に配達してもらっている。米屋で扱っていないもので必要な食材も米屋を通して注文しているようである。新聞、牛乳等の配達はしていない。

六　アパートにお風呂がないので、入浴は近所の銭湯に行っている。費用が掛かるので毎日は行っていない。洗濯も銭湯にある洗濯機を使用しているようだ。

七　仕事を退職（民生児童委員がかかわるようになる以前）後は、両親が残してくれたわずかなお金を使って生計を立てていた。生計が非常に苦しく、六九歳より国民年金を受給することにした。

八　リュウマチがひどく手足が腫れ曲がっている。民生児童委員がかかわる以前には病院に通っていた時期もあったようだが、費用が掛かる、行っても仕方がないということで現在は通院していない模様。

【こまめにOさん宅を訪問する】

一　時々安否の確認をと思い、Oさん宅を伺うが、「人に会いたくないから」と言われる。閉じこもりでうつの傾向があるように感じられた。伺うと迷惑そうな顔をされたので、その後、一時的に足が遠のいてしまった。

二　それでも、Oさんの体の具合が心配であったので、二ヵ月に一回程度の割合でOさん宅を訪問し信頼関係の形成に努める。その際、何か用事がないと訪問しにくいので、役所から収集した高齢者・障害者福祉や在宅制度に関するチラシを持参することによりきっかけを作り、「こういう制度もあるので読んでみてくださいね」など声掛けをこまめに行う。Oさんは玄関のドアは開けてくれるが、迷惑そうな顔をされ、用件が済むとすぐにドアを閉ざしてしまった。

三　訪問した際は、外見からOさんの健康状態に変化がないか確認するとともに、何気ない言動や生活環境からニーズを把握するように努め、次回訪問のきっかけづくりとした。

四　訪問する時以外でも、Oさんの家の近くを通るときは家の前を通るように努めた。そして、洗濯物

五　が干してあるかなどを確認し、Oさんの安否確認を継続して行った。

六　翌年のひとり暮らしの調査の際、Oさんから体の調子が悪く、トイレに一時間おきに行っていることなどを伺う。調査票に記入し、役所に報告する。保健師が訪問するものの、Oさん自身が人とかかわりを持つ気がないことや担当保健師が異動により数年で変わり、訪問が継続して続かない。

七　Oさんにかかわるようになって最初の頃に自宅の電話番号を教えておいたので、家に電話が掛かってくることもあった。しかし、民生児童委員がOさんの携帯電話に掛け直すとつながらない。後日、電話がつながらないことを伝えると、携帯電話は掛けるときだけ電源をつけており、それ以外の時は電源を消しているとのことであった。「用事があるときは私から連絡します」と言われる。

訪問する回数が多くなるにつれ、Oさんも少しずつ民生児童委員を信頼するようになり、立ち話ではあるが雑談をしたり、民生児童委員の説明に質問をしたりと少しずつ会話が長くなるようになった。

〔Oさん宅に上がり話をするようになる〕

一　最初の調査から六〜七年後の調査の時、「どうぞ中へ入ってください」と言われ、部屋に上がらせてもらう。民生児童委員はびっくりすると同時に、とてもうれしい気持ちになった。その時、Oさんに生活の様子を伺ったり、高齢者福祉や障害者福祉サービス、生活保護制度などこれまで配布したチラシの内容について説明する。Oさんはこれまで民生児童委員が配布してきたチラシはすべて読んでいたようである。しかし、Oさんは福祉サービスを受けることに抵抗が強く、民生児童委員がサービスを利用することは当然の権利であり、決して恥ずかしいことではないと説明しても、サービス利用を決意するには至らなかった。

二　その後も二ヵ月に一回の頻度で定期的に訪問する。これまでのチラシを配布してきたことの成果やOさんの生活に余裕がなくなってきたこともあり、徐々に福祉サービスに関心を持つようになる。

三　介護保険制度が施行されて初めての調査の時、調査票を通じ、Oさんのことを役所に報告。書類が在宅介護支援センターに回り、在宅介護支援センターがかかわるようになる。在宅介護支援センターSさん（介護支援専門員）、保健師とともにOさん宅を訪問する。

四　在宅介護支援センターのSさんや保健師より介護保険の利用、病院へ行くこと、緊急通報の設置や生活保護の利用の可能性について説明するものの、Oさんは頑として拒絶する。また、家賃の関係から都営住宅への住み替えを希望していたので、在宅介護支援センターが中心となって、低所得者が入れる住宅について情報を調べ、後日返事をすることとした。

五　在宅介護支援センターのSさんが低所得の人が入れる住宅を探したがいまは空きがないことをOさんに伝える。また、Oさんの家に電話がないことから、福祉電話の設置についても確認したが数に限りがあり、現在は全部貸し出し中とのことであった。

〔その後の民生児童委員のかかわり〕

一　民生児童委員はその後も継続して二ヵ月に一度のペースでOさん宅を訪問。時折、Oさん宅に上がり、日常的な会話の中からOさんの生活の様子やニーズを把握するとともに、福祉サービスの利用について話をする。いまだサービス利用について非常に抵抗感はあるようだ。しかし、民生児童委員の説明やOさん自身が年齢を重ね、将来に漠然と不安を持っていることもあり、その度合いは以前よりは少なくなってきたようだ。

二　Oさんが探している都営住宅の件は在宅介護支援センターのSさんが民生児童委員とも連絡を取りながら継続して奔走しているものの、いまだ空きがない状況である。

（注）「検討事例―高齢者福祉分野―」は、東京都民生児童委員連合会『第五八回東京都民生委員・児童委員大会資料　東京都民生委員・児童委員活動実績とその事例―第二一集―』（平成一六年一一月）より一部抜粋したものである。

第9章　障害者への支援活動

1節　障害者の現状とノーマライゼーション

（一）障害者とは

障害には大きく分けて身体障害、知的障害、精神障害の三種類があります。

身体障害者とは肢体、視覚、聴覚、言語、内臓器官に障害を持つ方のことです。知的障害者とは、知的機能の障害があり（知能指数がおおむね七〇以下）その障害が発達期（通常一八歳まで）に生じたもので、同時に適応行動における障害を伴う方を指します。精神障害者とは統合失調症（精神分裂病）、中毒性精神病、精神薄弱、精神病質その他の精神疾患を有する方と一般に定義されています。

また、国連の「障害者権利宣言」昭和五〇（一九七五）年での「障害者」の定義は、次のようになっています。「『障害者』という言葉は、先天的か否かに関わらず、身体的または精神能力の不全のために、通常の個人または社会生活に必要なことを確保することが、自分自身では完全にまたは部分的に出来ない人のことを意味する」。

「障害者」といったとき、身体障害者を連想する人が多いようです。比較的受け入れられやすいのが身体障害者であるため、昭和五七（一九八二）年の国際障害者年の時も身体障害者年でしかなかったという批判がなされたぐらい、「身体障害者」と「知的障害者・精神障害者」では人々に与えるイメージは違うようです。

整理をすると、障害者とは、精神又は身体に障害がある方で、以下のいずれかに該当する人をいいます。

①精神上の障害により事理を弁識する能力を欠く常況にある人。
②児童相談所、知的障害者更正相談所、精神保健福祉センター又は精神保健指定医の判定により知的障害者とされた人。
③精神障害者保健福祉手帳の交付を受けている人。
④身体障害者手帳に身体上の障害がある旨の記載がされている人。

（2）障害者福祉の法とサービス体系

障害者を対象とした法律は、障害者基本法、障害者雇用促進法、戦傷病者特別援護法、身体障害者福祉法、精神薄弱者福祉法などがあります。

現在、障害者福祉は主に児童福祉法、身体障害者福祉法、精神薄弱者福祉法、精神保健福祉法の四つの法律に基づいて行われていますが、一般国民を対象とする法律の中にも、学校教育法、職業安定法、国民年金法、生活保護法、公営住宅法、所得税法、公職選挙法、児童福祉法、老人福祉法など多数の法律の中に障害者への施策が示されています。

実際の福祉サービスはこうした法律によるもののほか、地方自治体の独自事業として（法律によるサービスに上乗せして政令などで）提供さ

表9―1　障害者の現状

（単位：万人）

		総　数	在　宅　者	施設入所者
身体障害児・者		351.6	332.7	18.9
	身体障害児（18歳未満）	9.0	8.2	0.8
	身体障害者（18歳以上）	342.6	324.5	18.1
知的障害児・者		45.9	32.9	13.0
	知的障害児（18歳未満）	10.3	9.4	0.9
	知的障害者（18歳以上）	34.2	22.1	12.1
	年齢不詳	1.4	1.4	0
精神障害者		258.4	223.9	34.5
合計		655.9	589.5	66.4

資料：厚生労働省　平成16年度「障害者白書」より

れたり、各地域の社会福祉協議会やボランティアによってなされたりしているので、地域によって利用できるものには大きな差があります。

（3）ノーマライゼーションと障害者の社会参加

「ノーマライゼーション」という言葉を聞いたことがありますか。これはデンマークのB・ミッケルセンが提唱した理念で、知的障害者の人権擁護に端を発したものです。この言葉が世界的に注目を集めたのは、昭和五六（一九八一）年の国際障害者年で、障害者の「完全参加と平等」を打ち出しことがきっかけとなりました。そこでは「ある社会がその構成員のいくらかの人々を締め出すような場合、それは弱くもろい社会なのである」という考えを明言しています。つまり、障害者などの社会的に不利を負いやすい人々を、健常者とは別に扱ったり、締め出したりするような社会は弱くもろい、間違った社会であるということです。そして、障害者も含めた全ての人々が、家庭や地域のなかで日常生活をし、支えあって暮らす社会こそが健全で、正常な社会であるということが「ノーマライゼーション」の理念です。

この理念は「障害者権利宣言」の第三条に顕著に表されています。そこでは、「障害者は障害の原因、特質及び程度に関わらず、同年齢の市民と同等の基本的権利を持ち、このことは、まず第一に出来る限り普通のまた十分に満たされた、相応の生活を送ることができる権利を有することである」と述べています。このようにノーマライゼーションの理念は国際的に最も認知された障害者思想として位置づけられており、それはノーマライゼーションの理念がより普遍的な人権思想としての側面を持っているからと言えるでしょう。

一方最近では、社会参加の機会均等の理念も、障害者福祉の基本的思想の一つとして重視されるようにもなりました。これは障害者も健常者と同様に社会のあらゆる領域に参加し、機会の平等を享受することを目的とするものです。「障害者は保護されるべき人々」という扱いを受けるよりも、「社会参加の機会を平等に保障される」方が、人権保障としてはより望ましいとする認識に基づいています。

（4）身体障害者の現状

厚生労働省の身体障害児・者実態調査結果（平成一三年六月一日調査）によれば、身体障害者総数は、在宅の身体障害者が、三、二四五、〇〇〇人と推計されています。前回調査（平成八（一九九六）年一一月）の二、九三三、〇〇〇人と比較すると、一〇・六％増加しています。

障害の種類別にみると、視覚障害が三〇一、〇〇〇人、聴覚・言語障害が三四六、〇〇〇人、肢体不自由が一、七四九、〇〇〇人であり、肢体不自由者が全体の五三・九％を占めます。（図九―二）また、前回調査（平成八（一九九六）年一一月）と比較すると、視覚障害、聴覚・言語障害はほぼ横ばいであり、肢体不自由は五・六％増、内部障害は三六・七％増となっています。

また、一八歳未満の身体障害児数（在宅）は、八一、九〇〇人と推計されています。前回（平成八（一九九六）年

図9―2　障害の種類別にみた身体障害者数（総数：3,245,000人）

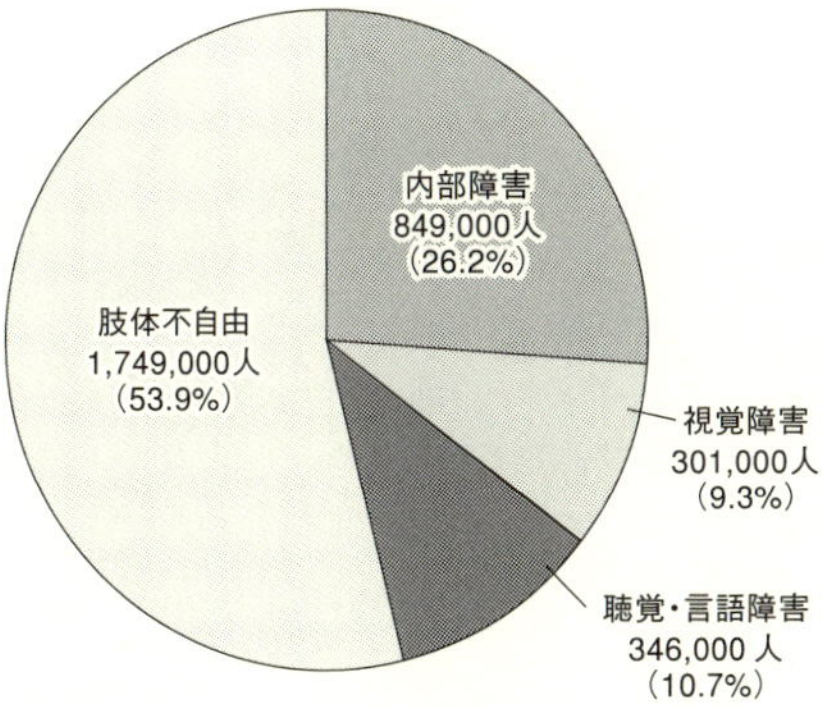

資料：厚生労働省　平成14年「身体障害児・者実態調査」より

一一月）及び前々回（平成三（一九九一）年一一月）調査の推計数と比較すると、ほぼ横ばいといえます。障害の種類別にみると、視覚障害が四、八〇〇人、聴覚・言語障害が一五、二〇〇人、肢体不自由が四七、七〇〇人、内部障害が一四、二〇〇人であり、肢体不自由児が身体障害児総数の約六割を占めています。（図九―三）

2節　障害者・児をめぐる課題と対応

現代の障害者・児の課題としては、障害者の高齢化があげられます。（図九―四）これは、医療の発達により、障害者の寿命が延びたことと、高齢になってから身体障害者になるケースが増えてきたことによるものです。

また、家族の介護負担の潜伏化・重圧化（根強い家族介護意識とサービス基盤整備の立ち遅れ）により、障害者の社会参加機会の不足による家庭への閉じこもりなどがあげられます。

これらへの対応上の視点としては、公的サービス分野の熟知と導きが重要です。支援費制度の円滑実施に向けた家族の介護負担の洗い出しと社会的支援の明確化（ホームヘルプ、デイサービス、ショートステイ、グループホーム、更生施設、療護施設、授産施設、通勤寮のほか、小規模作業所やピアカウンセラー等による地域生活支援・相談機能の充実）が必要でしょう。また、高齢の障害者の増加により、介護保険制度と支援費制度の調整機能も重要なポイントになります。

そして、公的サービスの補完として、地域での見守りを中心とするネットワーク構築へと進めていくべきでしょう。

図9－3　障害の種類別にみた18歳未満の身体障害児数（総数：81,900 人）

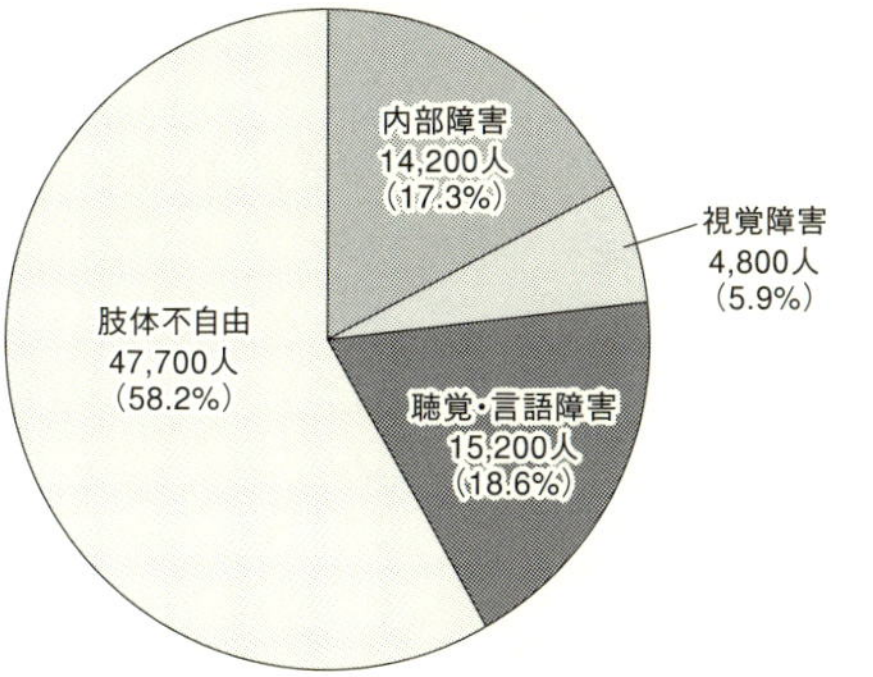

資料：厚生労働省　平成14年「身体障害児・者実態調査」より

図9－4　年齢階級別にみた身体障害児・者数の年次推移

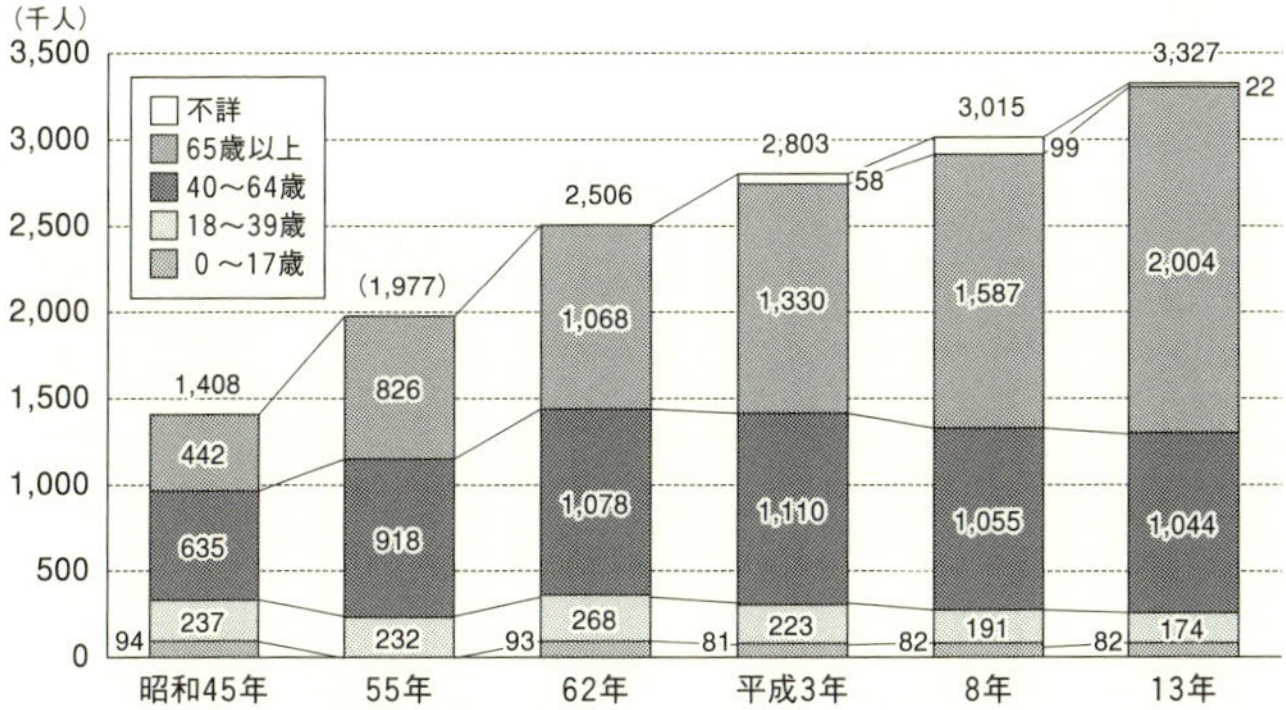

資料：厚生労働省　平成14年「身体障害児・者実態調査」より
（注）昭和55年は身体障害児（0～17歳）に係る調査を行っていない。

３節　障害者支援活動での民生委員の役割

（一）障害者支援活動の意味

前節でも述べたように、家族の介護負担の潜伏化・重圧化（根強い家族介護意識とサービス基盤整備の立ち遅れ）により、障害者の社会参加機会の不足による家庭への閉じこもりに対する支援活動が重要な課題です。

障害者の社会参加に向けた取り組みの第一歩として、在宅障害者の支援ネットワークの構築が急務であると考えられます。

（二）障害者の社会参加のために

障害者の暮らしやすいまちづくりに向けて、担当地域内のハード環境や社会資源の活用について、点検・改善に積極的に協力することは、民生委員のもう一つの役割でしょう。

そして、見守りネットワーク、ふれあいサロン、生きがい・ミニデイ、宅老所などを高齢者に限定せず、障害児・者も対象に含めたり交流を深めることや、重度障害児・者のいる家庭へのボランティアの組織化による負担軽減（日中見守り等）、放課後や土日の障害児の交流・学習の場の拡大とボランティアの育成、ガイドヘルパー等の外出援助の充実、住民主体のバリアフリー度調査によるまちづくりプランニング、住宅環境の改善や移送サービスの充実、障害児・者に対する理解を深めるための学校や地域での福祉学習の充実、ＬＤ（学習障害）・ＡＤＨＤ（注意欠陥多動性障害）の増加をも視野に入れた地域相談機能の充実や家庭・学校・医療専門職の連携、当事者間の相談・支援体制としてのピアカウンセリングの実施、障害者への情報ネットワークの充実、日中の活動・就労の機会の拡大に向けたアクションプログラムの企画・実施などが考えられます。

民生委員には、これらの活動を必要とする障害者を見つけ出し、適切な活動やその他の社会資源への結びつけ（コーディネーション機能）が求められています。

検討事例　障害者福祉分野

閉ざされた家の中で

〔世帯構成・取り巻く状況〕

・Tさん　女性　四〇歳代前半　知的障害を持つ
・両親と姉の二人の五人家族
・父親は認知症で、素っ裸で家の中を歩き回ったり、トイレも一人では行けない状態。事例の途中で亡くなる。
・母親は体調が悪く、事例の途中で亡くなる。
・Tさんは両親が亡くなった後は、姉二人と暮らす。
・民生児童委員は母親と以前からかかわりがある。母親の亡くなった後、姉二人は民生児童委員を拒否。

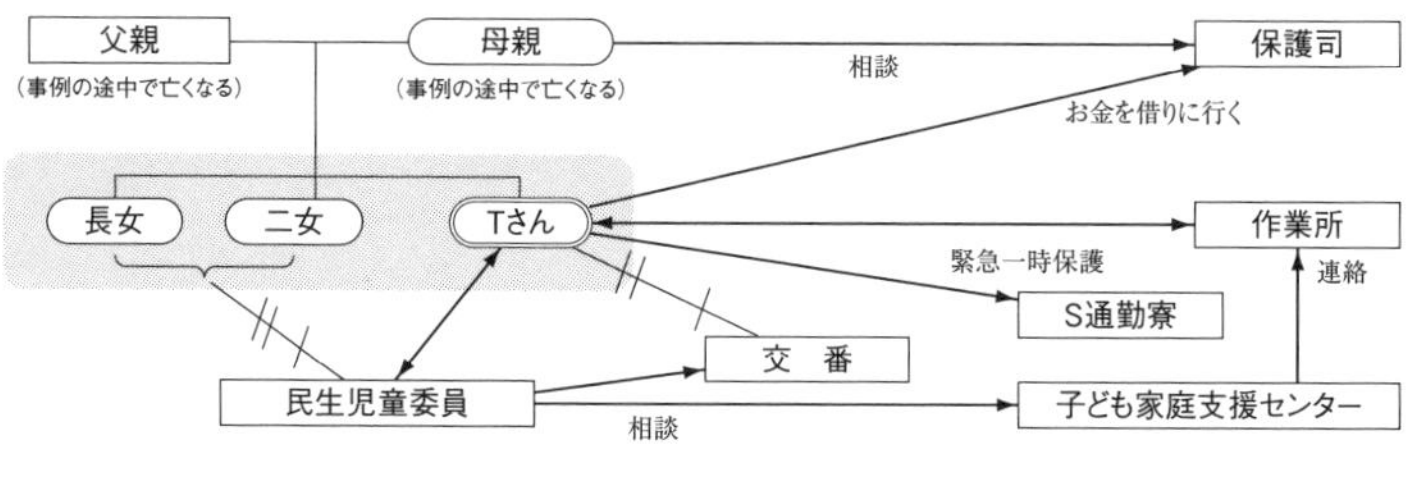

事例の経過

取り組みの発端　～年末～

一　民生児童委員は以前から、同じ地域に住むTさんの母親とはかかわりがあった。母親を訪問するときに、父親が認知症であることや、Tさんが知的障害を持っていることを聞いていた。

二　年末、民生児童委員が役所からの高齢者冬季見舞金を持って、母親を訪問したところ、母親は体調が悪そうで、普通とは様子が違うように見えた。胸に当てたタオルは汗でびっしょりぬれており、心配した民生児童委員が病院に行っているか尋ねると、「身内に医者がいて、診てもらっているから大丈夫」との答え。それでも病院にすぐに行った方がいいのではと声を掛けたものの、「大丈夫」と何度も母親が言うので、そのときは帰宅する。しかし心配になり、その後、再度訪問する。

取り組みの状況

〔Tさんについて〕

一　知的障害　軽度。
言葉はあり、コミュニケーションもとれる。街中の表示等も理解でき、食事や排泄は一人でできる。

調子の波があり、良い時には話し掛けてきたりして明るいが、調子の悪い時は喋らなくなる。

二　自宅から作業所に通う。調子の良い時は作業所に通うものの、気が向かなければ何日も続けて休んでしまう。

三　金銭管理がうまくできず、お金を手にすると使い果たしてしまう。
・母親が健在だったころ、母親の体調が悪くて外出できない日が続いたので、Tさんにキャッシュカードの使い方を教えた。お金が自動的に出てくるのを見たTさんはそれが楽しくなってしまい、出しては使い出しては使い、カードを探してはお金を引き出し、遊び歩くようになってしまった。預金はみるみる減っていくと母親は困っていた。
・所持金があるとカラオケなどのレジャー施設によく行っている様子。自宅に帰りたくないと、お金が続く限り、カラオケボックスで寝泊まりすることもある。（お金がなくなると野宿することも）
・保護司や母親の友人のところに行っては、お金を借りることもある。

四　盆踊りが大好きで、町内の盆踊り大会があると、必ず参加している。民生児童委員は盆踊りの会場で雨が降ってきて困っているTさんに、傘を貸してあげたことがある。

五　民生児童委員に対しては、「困ったときに行くところ」と思っている様子。どこも相手にしてくれないと、最後は民生児童委員宅を訪れる。

〔再度訪問したときの様子　～年が明けた一月～〕

一　母親の普通ではない様子に心配していた民生児童委員は、役所から母親の様子を見に行ってほしいとの依頼もあり、再度訪問した。

二　お姉さんが出てきて「母もTもここにはいない。居場所は教えられない」と言って、何を聞いても教えてくれなかった。さらに「私は誰も信用できない。民生児童委員なら証明書を見せて」と言われ、いったん証明書を取りに家に帰る。

三　再度訪問すると、なかなか出てきてくれない。二〇分以上待ってようやくお姉さんが出てくるものの、やはり「私は誰も信用できない。居場所も教えられない」とのこと。母親が病院に行っているかも教えてもらえなかった。唯一、父親が亡くなったことが分かった。

四　その後、何度訪問しても、一度も出てきてくれなかったので、この事例からは一時離れることにした。

〈民生児童委員宅にTさんが突然訪れる　～初夏～〉

一　春が過ぎ、夏の訪れを感じ始めたある日、民生児童委員宅に突然Tさんが訪れる。Tさんは「自分を可愛がってくれていた母親が亡くなってしまったの。おばちゃん、一〇〇〇円でいいからお金を貸して」と言う。Tさんは、母親の線香代としてお金を欲しがっている様子。

二　突然のTさんの訪問に驚いたものの、お金を貸すことはできないため断る。Tさんは何度もお願いしてきたが、「Tさんに貸すと、みんなに貸さなきゃいけなくなってしまうから、どうしても貸せないの」と断る。Tさんは借りられないことが分かると、怒って帰ってしまう。

三　それから少したった夏の夕暮れ、またTさんが民生児童委員宅を訪れる。Tさんの話では、母親が春に亡くなってからは、姉二人から殴る蹴るの暴力を受けている。怖いので所持金がある間はカラオケなどのレジャー施設で過ごし、使い果たした後は公園で野宿していた。何日も家には帰っておらず、どこかで家の鍵をなくしてしまい、家に入れなくなったとのことだった。

四　民生児童委員がお姉さんに電話をして鍵を開けてもらおうかと言うと、「怖いから家には帰りたくない」とTさん。「殴られっぱなしではなく、逃げるとか布団をかぶるとか何か自分を守る方法はないの？」と尋ねても、姉たちは抑える役と殴る役を分担し、どうにも逃げようがないとのこと。

五　食事もしばらくとってない様子だったので、夕食を出すと、一心に食べていた。その間、何度もTさん宅に電話をするが、誰も出ない。

六　Tさんは民生児童委員宅に泊まりたいと言い出し、どうしたらいいか困り、民児協会長に相談する。民児協会長からは「午後五時を過ぎているため役所とは連絡が取れないので、交番に行くか、

七　または緊急一時保護等しているS通勤寮に連絡したらどうか」とのアドバイスを受ける。

八　そこで、交番に行こうとTさんと家を出るが、途中「あそこのお巡りさんは怖いから嫌だ」と言い出し、足を前に進めようとしない。説得しながら行ったり来たりするものの、Tさんは頑として嫌がり交番に行けない。

九　そこで、保護司に相談しようと訪ねることにする。保護司はTさんの母親とつながりがあり、Tさんのことをよく知っていた。Tさん自身、保護司のところに何度もお金を借りに来たことがあるとのこと。またTさんの母親の友人を訪ねては、お金を借り歩いていることも分かった。

一〇　保護司にTさんを預かってもらい、民生児童委員一人で交番に行く。交番からもTさん宅に電話をするがつながらない。そのため交番からS通勤寮に連絡してもらい、S通勤寮の職員が民生児童委員宅にTさんを迎えに来ることになった。

一一　S通勤寮職員がTさんを迎えに来て、それからTさん宅に行ったが、やはり誰も出ず、緊急一時保護としてS通勤寮に泊まることになる。S通勤寮では、その後の生活に向けて家族と話し合いを行い、引き続き一週間、TさんはS通勤寮で実習を受ける。

一二　本人と家族の希望があれば、自立に向けて通勤寮で生活訓練ができたものの、本人が嫌がり、また姉も反対したため、Tさんは自宅へ帰っていった。

〔その後の民生児童委員のかかわり〕

一　家の前を通るたびに気に掛けたり、時に声を掛けたり、作業所に向かう途中バスで会うと声を掛けたりしていた。

二　一二月に入り、雪の降る寒い朝、近隣の民生児童委員から、地域住民（母親の知り合い）宅にTさんが訪ねてきたとの連絡が入った。確認してほしいということで、Tさんの自宅に電話をしたり訪問をしたりしたものの連絡が取れなかった。また作業所にも行っていないことが分かった。結局、二日後に、作業所近くで作業所職員に無事保護された。

三　翌年四月に入り、民児協で虐待防止勉強会が開催され、その際に子ども家庭支援センターの所長や職員に、Tさんについて話を聞いてもらう。子ども家庭支援センターの所長からは「一人では大変でしょうから抱え込まないように」とのアドバイスを受け、子ども家庭支援センターから作業所に連絡をしてもらい、今までのいきさつを作業所の職員にも把握してもらう。

四　その後、Tさんと道で会ったときには声を掛けたり、家の前を通り掛かるときには様子を見るようにしている。Tさんは一人のときは、民生児童委員に声を掛けてくるものの、姉と一緒だと、知らん振りをしたり、突然家を訪ねてきて「一緒に盆踊りに行ってほしい」とお願いされたりする。

（註）「検討事例―障害者福祉分野―」は、東京都民生児童委員連合会『第五八回東京都民生委員・児童委員大会資料　東京都民生委員・児童委員活動実績とその事例―第二一集―』（平成一六年一一月）より一部抜粋したものである。

第10章 児童・子育て支援活動

1節　少子化の進行

我が国の出生状況の推移をみると、出生数は、第一次ベビーブーム（昭和二二（一九四七）〜二四（一九四九）年）、第二次ベビーブーム（昭和四六（一九七一）〜四九（一九七四）年）の二つのピークの後は減少傾向にあり、平成一四（二〇〇二）年の出生数は一一五万三、八五五人、出生率（人口一、〇〇〇人当たりの出生数）は九・二となっています（一五（二〇〇三）年は、推計値で一一二万一千人、出生率八・九）。

また、合計特殊出生率（一人の女性が一生の間に生む子ども数）は、第一次ベビーブーム以降急速に低下し、昭和三一（一九五六）年に二・二二となった後、しばらくは人口を維持するために必要な水準（二・一程度）で推移してきましたが、五〇（一九七五）年に一・九一と二・〇〇を下回ると、平成五（一九九三）年には一・四六と一・五〇を割り、その後も低下傾向は続いています。一四（二〇〇二）年の合計特殊出生率は一・三二であり、一三（二〇〇一）年の一・三三を下回る過去最低水準となっています。（図一〇—一）（先進諸国の合計特殊出生率については表一〇—一参照）

最新の報道では、平成一五（二〇〇三）年には、合計特殊出生率が一・二九にまで低下しており、今後、急速に低下することが予想されます。国立社会保障・人口問題研究所では、平成二一（二〇〇九）年に底を打って、ゆるやかに回復し、長期的には一・三九程度で安定するとしていますが、下げ止まりには、抜本的な対策が必要だとされています。

図10―1　出生数と合計特殊出生率の推移

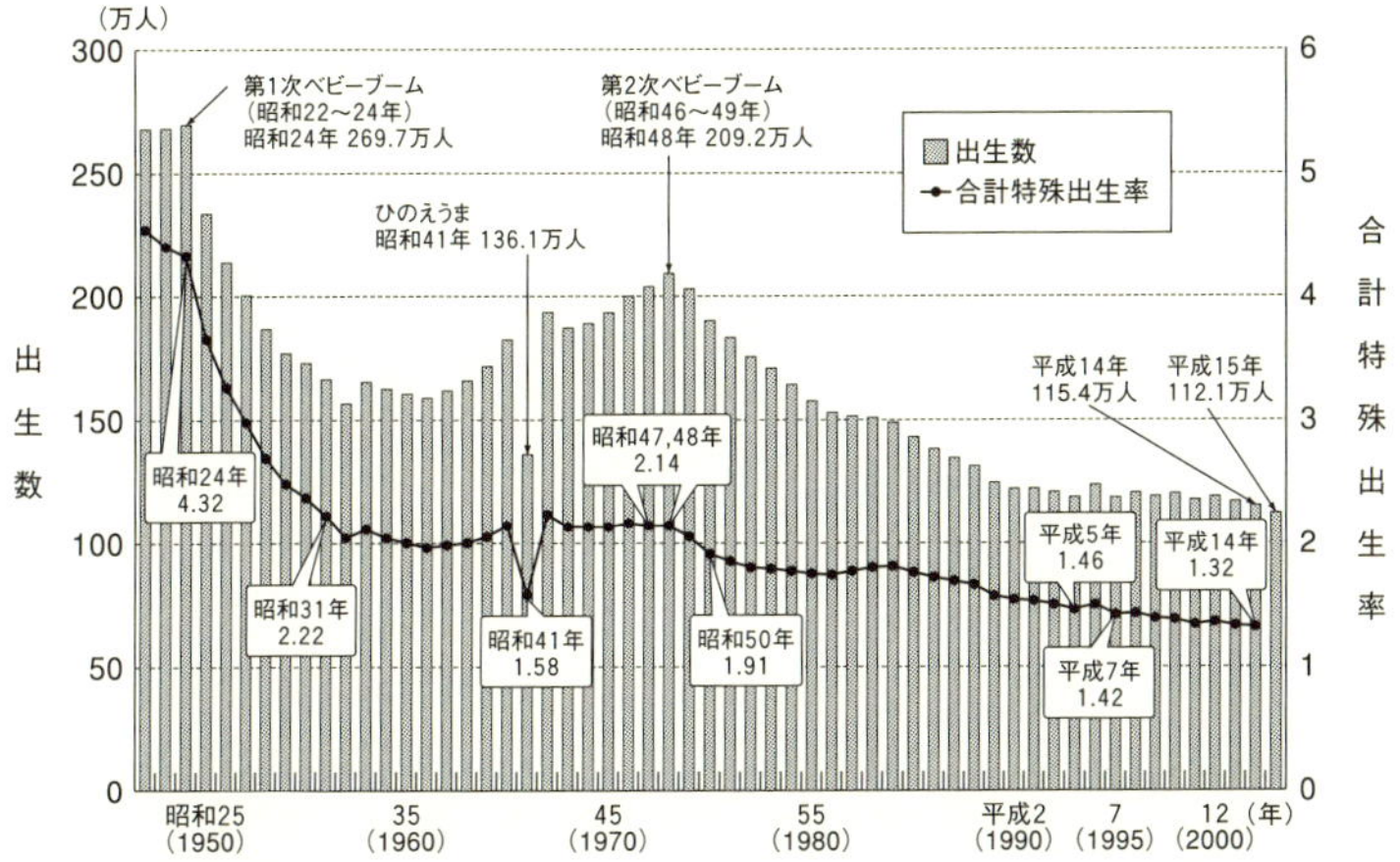

資料：厚生労働省　「人口動態統計」
（注1）平成15年の出生数は推計値
（注2）昭和47年以前は沖縄県を含まない。

表10―2　先進諸国の合計特殊出生率の推移

国名	昭和45年（1970）	昭和50年（1975）	昭和55年（1980）	昭和60年（1985）	平成2年（1990）	平成7年（1995）	平成10年（1998）	平成11年（1999）	平成12年（2000）	平成13年（2001）	平成14年（2002）
日本	2.13	1.91	1.75	1.76	1.54	1.42	1.38	1.34	1.36	1.33	1.32
アメリカ	2.46	1.80	1.84	1.84	2.08[U]	2.02	2.06	2.01[U]	2.06[U]	2.03[U]	2.01[U]
フランス	2.47	1.96	1.99	1.83	1.78	1.71[E]	1.76[E]	1.79[E]	1.89[E]	1.90[E]	1.88[S]
ドイツ	2.03[E]	1.48[E]	1.56[E]	1.37[E]	1.45[E]	1.25	1.36[E]	1.36[E]	1.38[E]	1.42[E]	1.40[S]
イタリア	2.43[E]	2.14	1.61	1.42[E]	1.33[E]	1.19	1.20[E]	1.22[E]	1.24[E]	1.24[S]	1.26[S]
スウェーデン	1.94	1.78	1.68	1.74	2.13	1.73[E]	1.50[E]	1.50	1.54[E]	1.57[E]	1.65[S]

資料：UN, Demographic Yearbook　ただし、日本は、厚生労働省「人口動態統計」
E=Council of Europe, Recent demographic developments in Europe, 2002
U=U.S. Department of Helth and Human Services, National Vital Statistics Report, Vol.51, No.2
S=Eurostat Statistics in Focus: Theme 3, 20/2003 による。

我が国では婚姻外での出生が少ないことから、近年の出生率低下は、主として初婚年齢の上昇（晩婚化）や結婚しない人の増加（非婚化）によるものと考えられてきました。

まず、未婚率の推移をみると、昭和五〇（一九七五）年頃から二五～三九歳の男性及び二〇歳代の女性で上昇が際立っています。（図一〇―三）

生涯未婚率は、男女とも上昇傾向にあって、平成一二（二〇〇〇）年には男性一二・四％、女性五・八％となっており、特に男性の上昇幅が大きくなっています。また、初婚年齢も男女とも上がってきています。（表一〇―四）

また、結婚後の夫婦についてみると、一九六〇年代以降に生まれた若い世代において、妻三〇歳及び三五歳時点での累積出生児数の実績値が期待値を明らかに下回っていることが分かります。今後は、このような夫婦の出生力の低下が、晩婚化、非婚化とあわせて出生率の低下を招くのではないかとの見方もあります。（図一〇―五）

図10－3　年齢階級別未婚率の推移

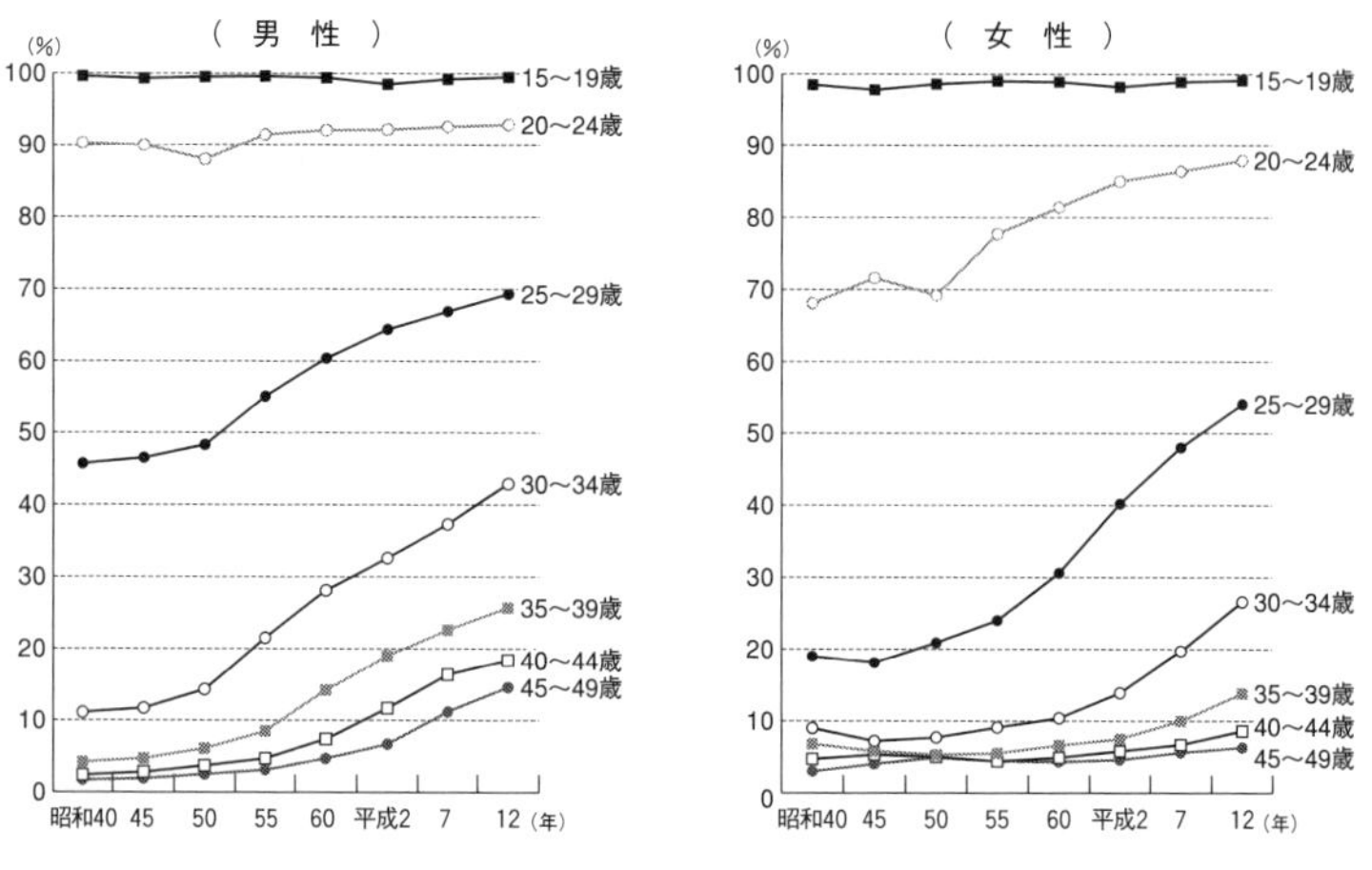

資料：総務省「国勢調査」

表10—4　生涯未婚率と初婚年齢

年　次	男　性		女　性	
	生涯未婚率（%）	初婚年齢（歳）	生涯未婚率（%）	初婚年齢（歳）
昭和 25 年(1950)	1.46	26.21	1.35	23.60
35 年(1960)	1.26	27.44	1.87	24.96
45 年(1970)	1.70	27.47	3.33	24.65
50 年(1975)	2.12	27.65	4.32	24.48
55 年(1980)	2.60	28.67	4.44	25.11
60 年(1985)	3.89	29.57	4.31	25.84
平成 2 年(1990)	5.54	30.35	4.31	26.87
7 年(1995)	8.92	30.68	5.08	27.69
12 年(2000)	12.38	30.81	5.78	28.58

資料：国立社会保障・人口問題研究所「人口統計資料集」（平成16年）
総務省統計局『国勢調査報告』により算出。SMAM (Singulate mean age at marriage) は、静態統計の年齢別未婚率から計算する結婚年齢であり、次式により計算する。SMAM=(ΣCx-50・S)/(1-S)。ただし、Cxは年齢別未婚率、Sは生涯未婚率である。
生涯未婚率は、45～49歳と50～54歳未婚率の平均値であり、50歳時の未婚率を示す。

図10—5　妻30歳・35歳時における累積出生児数の期待値と実績値

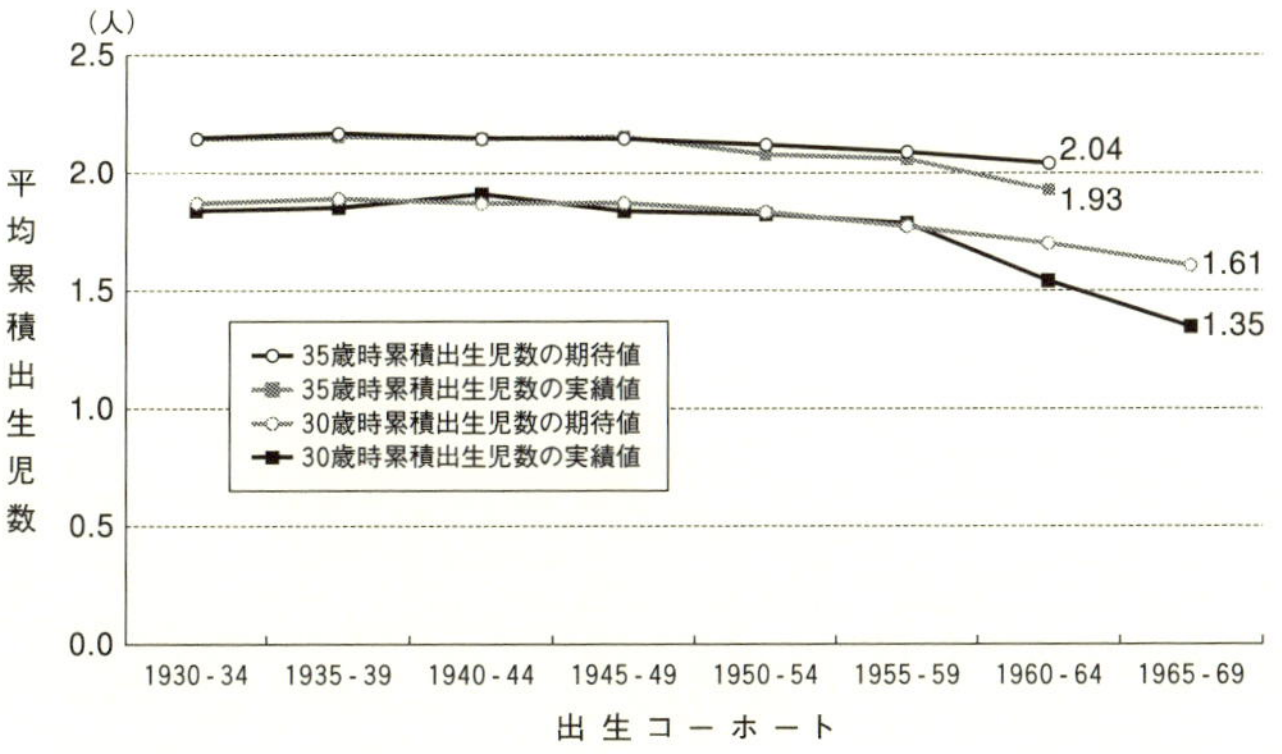

資料：国立社会保障・人口問題研究所「日本の将来推計人口」（平成14年1月推計）
（注1）累積出生児数の期待値とは、結婚後の夫婦の出生行動がこれまでと同程度であったとした場合における出生児数の平均値である。
（注2）出生コーホートとは、同一年次に生まれた集団のことをいう。

2節　児童をめぐる課題と対応

　現在の我が国は、核家族化や近隣関係の希薄化が進み、その結果、育児の世代間継承や伝統的な地域内扶助機能が弱まり、家庭における育児能力が低下しているといえるでしょう。そのため、育児不安や育児相談が増加しています。育児・子育てに自信が持てなくなり、混乱に陥ったあげく虐待につながるケースも珍しくありません。また、人工妊娠中絶、児童虐待、不登校、非行の増加など、家庭と学校における教育も問題となっています。

　これらへの対策としては、家庭に対する学校・保育所・幼稚園等の情報提供・相談体制や連携の強化、保育所等の児童福祉施設の地域支援機能の充実（地域子育て支援センターの増設、園庭等の施設開放、子育て講座の開催、虐待の早期発見・防止等）、子育てサークルの充実（当事者間の交流、相談、育児情報誌の発行等）、子育てサポーターや家庭教育サポーターの養成（育児・教育相談、保育所後の見守り等）、地域子育て支援ネットワークの形成・充実（市町村内の地区ごとのネットワーク形成による虐待・不登校・非行への対応：学校関係者、保育士、保健師、民生委員・児童委員、福祉委員、ボランティアの連携）、「地域児童相談センター」や「何でも子ども相談所」、「子どもサークル」等の設置（社会福祉協議会、児童委員、学校関係者、子ども会、地域ボランティア、学生ボランティアなどが連携しつつ、地域の相談・教育・交流の機能を創り出す）、世代間交流の拡充（ふれあいサロン、生きがい・ミニデイ、宅老所、グループホーム、保育所、作業所などを活用した高齢者、児童、障害者の相互交流等）などがあげられます。

　また、離婚家庭も増えているため、ひとり親の子育てを支援する必要性が高まっています。対応策として、地域ぐるみで子育てを支援していく環境づくりや、親子が自由に集うことのできる場所、空間を地域に設定する必要があります。家庭での問題事は、学校等の現場で発掘できる場面も多く、学校教育・保育と家庭教育・育児は切り離せない位置にあるため、双方が協力して問題解決に取り組む必要があります。親の育児・教育能力の低下に対しても、誰がどのようにアプローチし、支援していくかを明確にする必要があります。命の大切さと思いやりを認識できる子どもを、家庭と地域で育てていく明確な問題意識が、今こそ求められているのです。

３節　児童委員・主任児童委員の役割

従来の子育て支援活動は、児童の健全育成活動、あるいは子育て家庭への支援活動をとおして、民生児童・児童委員がすすめてきました。今後は、児童委員と主任児童委員が協力し、親や子どもたちを含めた地域全体に関わりながら、子育て家庭や子ども同士の輪を広げる活動や子育て、子どもが豊かに成長できる環境づくりを目指していくことになるでしょう。

国はエンゼルプランの策定により、子どもや子育て家庭に対し福祉、教育、労働等の多面的な支援を展開してきました。しかし、子どもをめぐる問題の解決は、行政だけでは対応は困難です。民間の関係機関・団体や地域住民相互の協力がなければ、日々の子どもの生活や子育てを支えていくことはできません。今まで以上に関係機関（児童相談所・福祉事務所・児竜福祉施設・学校・保健・医療などの専門機関）との連携が重要となってきます。こうした子どもや子育てに関わる公的な制度との橋渡しを行う実践や、さまざまな場で児童委員や主任児童委員が公私協力の「要」となる実践が、これからの児童委員と主任児童委員活動の重要な役割です。

そこで、児童委員と主任児童委員は、地域の子どもや家庭をめぐる状況についての把握し（ニーズ調査）、問題点を明らかにし、解決のための方向性についで検討し、そのうえで、関係機関・団体等と話し合い、役割分担を行いながら、相談・支援体制をつくっていきます。

また、児童問題が複雑・多様化する中で、区域担当の児童委員と主任児童委員は、密接に連携して、相談・支援を行っていくことが重要です。同時に児童委員には、子どもが地域の中で健やかに育っていくよう環境の整備促進に努めることが求められています。特に行事等を通じて、地域の人々とふれあう機会が持てるよう日常的かつ計画的に活動を行い、子育ての不安・悩みなどに関して、気軽に相談を受けられる関係を築いていくことが大切です。

4節　児童虐待をめぐる児童支援の今後

(一) 児童虐待をめぐる課題と対応

平成一二(二〇〇〇)年一一月二〇日の「児童虐待防止法」の施行により、すべての国民に通告の義務、教職員や児童福祉施設の職員、医師等に早期発見の努力義務が課せられました。

平成一一(一九九九)年度の厚生省報告例で把握した児童相談所における児童虐待相談の処理状況報告によると、全国の児童相談所が平成一一(一九九九)年度に児童虐待について相談を受けた件数は、初めて一万件を超え、平成二(一九九〇)年度に比べると一〇・五倍にもなっています。また、実母、実父から虐待を受けるケースが全体の八割を超えているなど、児童虐待の多くは密室化された家庭内で行われるため実数ははるかに多いと考えられます。

虐待の発生要因としては、親側の育児能力の問題(育児不安、育児負担が大きすぎたり、援助者がいないなど)や親自身の被虐待体験などがあり、いくつかの要因が相互にかかわりあって虐待が生じているようです。また、望まれぬ出産や、育てにくい子(低体重、病気、発達障害、多胎児、落ち着きがない子など)に対し、親が否定的な感情を持ち虐待にいたるケースもあります。

このような児童虐待から子どもの安全を守るためには、まず児童虐待を早期発見し、通告することが大切です。そのためには、関係機関との連携を密にすることと、被虐待児がどんな徴候を示すのかを知っておく必要があるでしょう。

(二) 児童虐待防止法の意味するもの

児童虐待が社会問題化した今日、児童虐待のためだけの法律ができました。「児童虐待防止法」では、「親権」の制限や福祉関係者による立ち入り調査権を認めるなど、児童福祉法の一部にあったそれとは大きく違っています。

「児童虐待防止法」では、虐待を見つけた場合、すべての国民には児童相談所等に通告することが義務付けられました。さらに、教職員や児童福祉施設の職員、医師等に早期発見の義務を課すことになりました。また、虐待した保護者には児童福祉司の指導を受けることを義務付け、国や地方自治体にも必要な体制整備や広報活動を求めました。

児童虐待防止法の施行により、虐待の早期発見、救助につながるとの期待が強まる一方で、今後の課題として、権限や機能が大幅に強化された児童相談所をはじめとする福祉関係者の現場での取り組みが問われることになったのです。

今日の児童虐待問題は、児童委員と主任児童委員の児童支援活動にも大きな影響があり、子育て支援の活動とともに重点活動になっていくことでしょう。そして、従来の母子家庭を中心とした、児童・母子支援活動から、父子家庭や子育て困難の両親を含む、児童・子育て支援活動へと移り変わっていきます。

平成一六（二〇〇四）年四月には「児童虐待防止法」が改正され、同年一〇月より施行されました。改正法は、現行法が児童相談所などへの通告義務を「虐待を発見した場合」に限定しているのに対し、

「証拠がなくても体のあざなどから虐待を受けたと思われる子どもを見つけた場合」に対象を拡大しました。周囲の大人が子どもにもっと目配りをして、異常に気づけば、すぐに児童相談所などに届ける。そうした環境を整え、虐待を未然に防ぐことが改正法の狙いです。

さらに、虐待の防止、早期発見から子どもの自立支援に至るまでを通して、国と自治体が責務を負うこととし、総合的に取り組んでいくことなどが盛り込まれています。「子どもの人権を守る」意識が地域の人になければ、虐待は防ぎようがありません。地域ぐるみの努力で子どもたちを見守る必要があるでしょう。

(三) 活動の留意点

民生委員として、児童支援活動を進めていく上での具体的項目を整理すると、次のようになります。

①地域の子どもや子育て家庭の状況についで把握する。
②主任児童委員が参加して、民児協定例会や児童関連部会等で、児童問題についでの協議を深めて地域の児童の状況を把握する。
③子どもたち自身からの相談も含め、地域住民からの相談を受けやすい体制の整備を行う。
④児童委員と主任児童委員の連携体制を強化する。
⑤特に主任児童委員は、日頃から関係機関との連携体制を強化する。

これらの点に注意し、ケースに応じた具体的な援助活動目標を立てて、現状を整理・点検し、課題解決への活動を工夫していくことが重要です。

検討事例　児童福祉分野

不登校の兄弟にかかわって

〔世帯構成・取り巻く状況〕

・母親Cさん（四〇歳代）と男の子の兄弟（事例にかかわり始めた当時、兄A君小五、弟B君小三）のひとり親家庭。

・平成一三（二〇〇一）年三月ごろに当地に転居。

・夫とは転居前に離婚、親子三人で母子生活支援施設に入居していたこともある。

・母親の仕事はヘルパー。

・父親は時々この親子を訪ねて来る。子ども達にお小遣いをあげたり、家電等を買い与えたりする。

・前任の主任児童委員が学校訪問の際に、小学校校長からこの件について見守りの依頼を受ける。

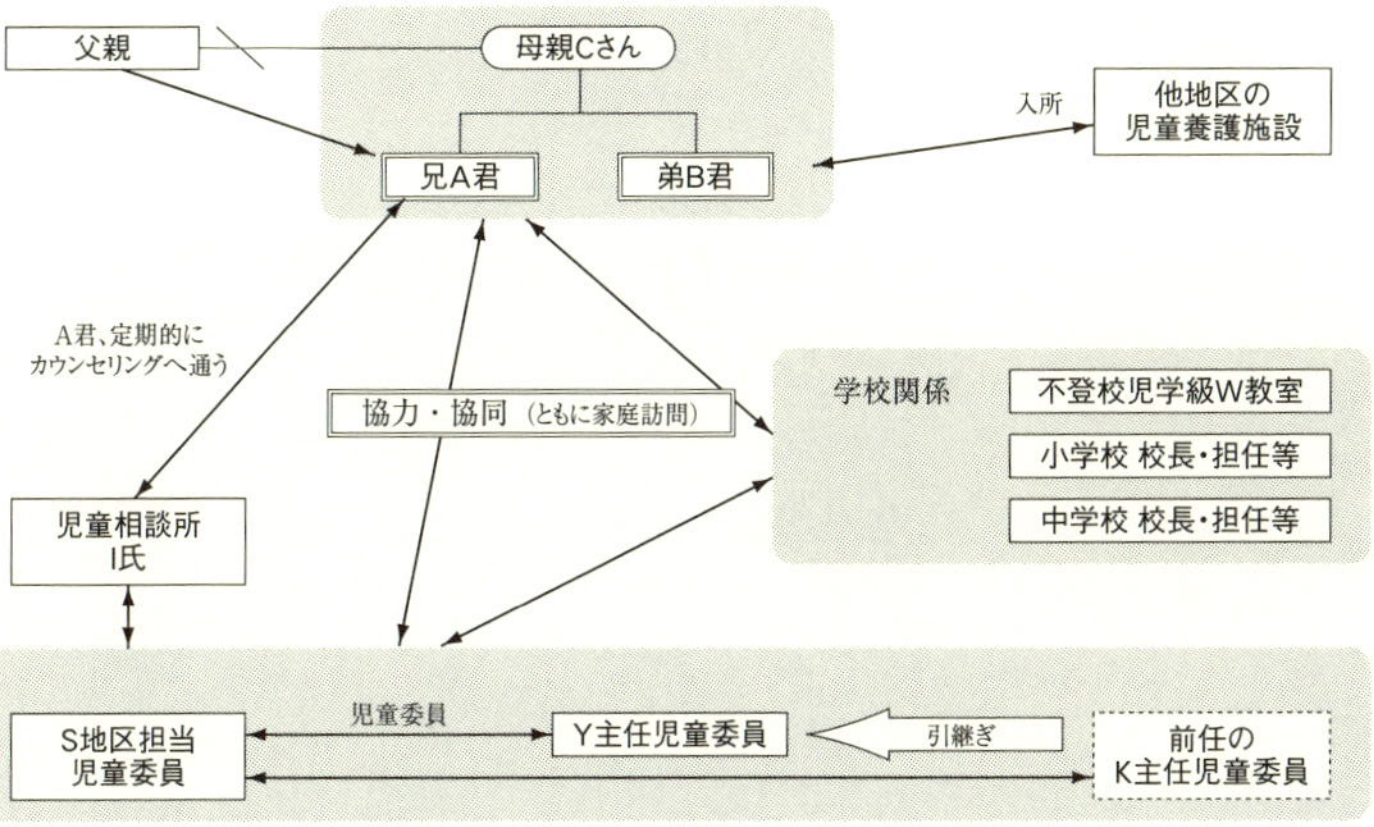

事例の経過

取り組みの発端

一　平成一三（二〇〇一）年三月ごろ、地域の小学校に学校へ行かず、コンビニなどで買い食いをしている兄弟がいると近隣の住民から通報があった。

二　学校としてはこの兄弟が前年の九月に他地区から転居してきた母子家庭ということもあり注意していたが、地域内の主任児童委員Kさんが学校訪問した際にこのケースについて連絡した。

三　学校は住民から相談を受けた後、何度か母親に連絡をしたり、部屋を訪問したりしていたが、一度も会うことはできなかった。子ども達にも学校へ来るように声かけをしても一向に改善が見られなかった。

四　子どもたちは、長い間風呂にも入っていない様子で、たまに学校に来てもクラスの友達（特に女子）が給食を一緒に食べたがらないということが起きた。学校では担任の先生を中心に、兄弟がクラスで仲間はずれにされないよう、生徒たちに働きかけた。

取り組みの状況

〔母親と連絡を取り、家庭訪問する〕

一　学校からの連絡を受けて、K委員は区域担当のS委員に連絡し、一緒に家庭訪問をすることになった。母親の職業はヘルパーで日々仕事に追われて忙しく、不在だった。

二　何度か訪問するうちにA君、B君と会うことができた。学校の先生から二人のことを聞いた児童委員であると名乗り、かかわりをはじめた。二人はそれほど拒否的な様子ではなかった。

三　家には電話がなく、母親の携帯電話だけが連絡できる手段だった。子ども達を何度も訪問して母親の携帯電話を聞きだし、連絡した。学校から見守りを依頼されたので直接会って話がしたいことを伝えた。母親は「学校から」ということで一応納得したようだった。最初に学校から連絡を受けてから三ヵ月経ち、ようやく母親に会うことができた。

四　訪問した部屋は都営住宅で、二部屋に台所という間取りである。玄関を開けるとゴミの山で、部屋中いたるところに大小のゴミ袋が置かれ悪臭がし、小バエが飛んでいた。流しやコンロの上にもゴミが置いてあり、これらの状態から日頃、ガスや水道は使われておらず、食事を作っていないことが伺えた。食事はほとんどコンビニ弁当を食べているようだった。自宅の風呂場にもゴミがあふれ、入浴できる状態ではない。何ヵ月も入浴はおろか、シャワーも浴びていないようだった。兄弟は登校した時、先生に学校のシャワーを浴びさせてもらうこともあったようだ。

五　母親は仕事で家を空けることがほとんどで、全く家事をやらない様子である。仕事がヘルパーなので、できないということではないだろうが、仕事から帰ってくるとくたくたで、何もやる気が起きないのだと言う。

六　給食費を何ヵ月分も滞納していたので、学校では栄養士の先生を中心に、給食費の納入が免除される申請を母親に提案した。母親は申請することに決めたものの、なかなか申請書類を役所に提出しないため、何度もS委員が母親を訪問し、書類の記入の仕方を一緒に確認したり、提出するよう促したりした。

〔継続して訪問を続け、学校へ行くように働き掛ける〕

一　S委員は、自宅がCさん親子の部屋の近くであるため、毎日のように兄弟を訪問し、登校を促した。しかし、寝ていて起きて来なかったり、体調が悪いといったりしてなかなか登校することはできなかった。

二　A君、B君の言葉遣いは乱暴だが、Sさんたちにはできるだけ長くいてほしいため、わざと注意を引こうとしているようにも感じられた。

三　S委員やK委員は、CさんにもA君、B君を登校させることと、部屋の中の片付けやゴミ捨ての分担などを提案し、働きかけた。しかし母親は自分の仕事に精一杯で、朝起こす、食事の用意をする、部屋を掃除するなど家の中のことは何一つしなかった。

四　Cさんは、部屋の片付けは自分達でやるからとS委員・K委員の申し出を断わった。母親はゴミを出した時に近所の住民からきちんと分別していないことを責められるのではないかと、非常に気にしているようだった。

五　Cさんは周囲から子ども達の面倒を見るように言われると素直に返事をし、「がんばります」とか「明日からやります」というが、その場限りでいつになっても実行には移さない。

六　ちょうどこのころ、兄A君が小学校の移動教室を控えており、S委員はCさんに代わって、移動教室の準備をA君と一緒にした。

七　A君、B君は大きくなるにつれて、少しずつ暴れたり、言葉遣いが乱暴になったりしてきた。女性一人では少々不安なので、部屋の中に入る際には、区域担当児童委員と主任児童委員、学校関係者等で複数で行くように決めた。S委員は、玄関先で少し様子を見る程度の場合は一人で訪問することもあった。

〔その後の経過・児童相談所の関わり〕

一　二学期になり、A君、B君兄弟は再び不登校になった。また、部屋の中で暴れているようで、新品のテレビや扇風機が翌日にはもう破損して使い物にならないということがあった。（弟B君がやったようだ）

二　このころ、民生児童委員の一斉改選があり、K主任児童委員が退任した後、新任のY委員に引き継いだ。Y委員はK委員からの引継ぎの中でA君B君兄弟のことを聞き、かかわり始めた。

三　この地区で行われている前任委員と新任委員の引継ぎについて

（一）委員が退任して担当が代わった場合、原則として前任者から新任委員へ活動の引継ぎが個別に行われている。

（二）引継ぎでは、資料に加え、前任者から直接在任中にかかわっていたケースについて説明がある。

（三）また、必要に応じてケースでかかわっている学校に前任者が新任委員を紹介し、その後の連携に支障のないように引き継いでいる。

四　S委員が別のケースで児童相談所と話し合う機会があり、その際に児童福祉司のIさんに「最近地域でかかわっている心配なケース」としてA君B君のことを話した。この時初めて児相がA君B君のことを把握したという。最初に学校が近隣住民から通報を受けた際には学校からは児相へ連絡していなかったとのこと。

五　S委員、Y委員とIさんが話し合い、Cさんや A君、B君の生活について以下のような提案をした。

（一）母親の仕事が忙しく、子ども達の面倒を見ることができないので仕事を減らし、収入が減った分生活保護を受けて、家事をしたり子ども達と接したりする時間を作ったりしてはどうか。併せて部屋の清掃サービスも利用してはどうか。

（二）地区内に不登校児学級があるので、A君B君がこの地域の小学校と不登校児学級のどちらが適しているかについて教育相談を受けてはどうか。

（三）生活のリズムを身に付けさせるため、児相での一時保護、児童養護施設への入所を考えてはどうか。

六　上記の三点に関する手続きについてはIさんにお願いした。生活保護の申請はIさんが役所の窓口まで同行し、申請まで後一歩のところまでいったが、結果的には母親は生活保護を受けずに自分の力で生活したいと言い、兄弟（特にA君）は断固として施設入所を拒否した。

七　その後兄A君は中学一年生、弟B君は小学校五年生になった。A君は六月までは頑張って登校していたが、七月になると体調不良を理由にまた学校を休むようになった。弟B君も学校を休みがちであった。

八　S委員とY委員は児童相談所のIさんに連絡を取り、不登校児学級のW教室をA君、B君兄弟に勧めてもらった。兄弟は、S委員、Y委員、Iさんに付き添われてW教室を見学し、自分たちの意志で通うことを決めた。母親Cさんも後日W教室を見学して兄弟の通学に納得したようだった。

九　W教室は、地域内の不登校の小学生・中学生が元の学校に通えるようになるまで通って勉強したり、生徒同士で交流したりする場である。W教室からは、朝遅れてきても、週一回の登校でもかまわないから少しずつでも登校するようにと言われた。

一〇　W教室の先生方や学生ボランティアが何度も家庭訪問してくれ、A君、B君もこの教室を気に入って、先生方との信頼関係もできつつあった。しかし、兄弟の登校日数は月に数日で、次第にW教室にも通わなくなってしまった。

〔B君の施設入所と今後の問題〕

一　平成一五（二〇〇三）年五月、児童福祉司Iさん、S委員、Y委員の三人で兄弟を訪問した際、弟二　B君が以前からＩさんより提案されていた児童相談所の一時保護所への入所を承諾した。母親Cさんも、本人が良いと思って決めたことなら異存はないとのことだった。

三　B君が施設入所を決めた理由は、ゴミだらけの汚い部屋での生活に耐えられなくなったからということだった。その後、他地区の児童養護施設への入所も決定した。

四　B君は、児童養護施設での生活が合っていたのか、きちんとした生活リズムを身に付け、学校へも施設から毎日楽しく通っているという。

五　A君はまだ家におり、学校やW教室へは通っていない。S委員やY委員、中学校の校長先生や担任の先生が家庭訪問や電話でA君の様子を確認しているが、本人は長い間学校へ行っていないので、教室に居場所がないと感じており、再び通えるようになるのは難しいようだ。

六　A君の気持ちが外に向き、学校へ行けるように定期的に児童相談所へカウンセリングへ通っている。カウンセリングでは、学生ボランティアと話をしたり、遊んだりしている。A君は電車に乗って出かけることが好きなので、カウンセリングは苦ではないようである。

七　離婚した父親がたまにこの家庭を訪問している。父親はA君にお小遣いを渡すだけで、学校へ行くよう説得したり、CさんにA君を学校へ通わせるようにしろなどと言ったりはしないようだ。

弟のB君は、夏休みや連休になると自宅へ帰ってくることもある。しかし、部屋は以前のままゴミだらけで、再び親子三人で生活するとなると、せっかくしっかりしてきたB君が施設へ入所する以前の生活態度に逆戻りしてしまう恐れが出てくると感じられた。

（註）「検討事例―児童福祉分野―」は、東京都民生児童委員連合会『第五八回東京都民生委員・児童委員大会資料東京都民生委員・児童委員活動実績とその事例―第二一集―』（平成一六年一一月）より一部抜粋したものである。

第11章 これからの地域福祉活動

1節　小地域の定義

(一)日本の地域組織の歴史

わが国では昔から、地域の縁(地縁)を基盤としてお互いに支えあい、生活していました。もちろん、人間は親子や親戚などの肉親(血縁)で助け合ったり、支え合ったりするものです。しかし、昔から「遠くの親戚より近くの他人」というように、近隣で生活をしている身近な人々による助け合い、支えあいが私たちの生活基盤の支えとなります。それらの連帯は、時代とともに「結《ゆい》」「講」「座」「連」「組」「団」「隣組」という名称で組織化され、近代の私たちに生活に深く根ざす重要な文化となりました。

結は、田植えや稲刈り、家の建て替えや屋根葺きなどのときに互いに労力を貸し合う行為とともに、その貸し合う仲間のことを「結」呼んでいました。漁村では「もやい(催合)」などとも呼ばれました。日本の地域社会で古くから最も親しまれた相互扶助組織です。

また、「結」とともにわが国で最も発達し普及した非営利の地域組織として、「講」と呼ばれるものがあります。「講」は、仏教とともに導入されたため、教典を教えることの意味あいが強く、信仰集団の集会や儀礼を指すようになります。さらに参詣費用の積み立てを行うなど経済的な性格をもってくると、信仰とは関係のない相互扶助組織のことも指すようになります。二宮尊徳の設立した「五常講」は共同責任による無利子融資の組織で、明治時代に関東から東海にかけて広く普及します。幕末に秋田藩で設立された「秋田感恩講」は、飢饉などの救済のために藩の御用達商人が寄付をし、これに城下の武士たちも賛同して寄金を申しで、藩の公金とは独立した基金として運用しました。一般的には「講」の受益者は講の仲間に限られるのですが、近世の末には、この秋田感恩講のように仲間以外の不特定多数の救済を目的とした組織もみられます。

その他、中世・近代のわが国には、「座」「連」「組」「団」などさまざまな概念・形態の地域組織が生まれますが、制度化された地域組織としては「隣組」があります。

隣組は、国民統制のため、第二次世界大戦下の昭和一五（一九四〇）年に制度化されました。五～一〇軒を一単位として部落会・町内会の下に設けられ、配給、供出、動員など行政機構の最末端組織としての機能を果たしていました。この当時は、「隣組」というタイトルの歌謡曲も流行しました。

このように地域組織が、連綿と私たちの生活を支え地域社会に深く根付いてきたのです。

表11－1　小地域の概念

コロニー（単位集落）	幼児徒歩圏程度で、半径500mくらいの範囲。世帯数は500戸程度。
一次生活圏	小学校区程度で、半径1～2km程度。コロニーが3～4程度集まった人口規模となる。
二次生活圏	中学校区程度で、半径2～3km程度。一次生活圏が4～5程度集まった人口規模となる。
地域生活圏	村または町の行政範囲。市部では、人口30,000人程度が生活する範囲。

（2）小地域の概念

地域でのボランティア活動を考える際、私たちの生活圏と活動範囲は密接な関係があります。福祉関係者は、「小地域福祉活動」という言葉を使いますが、ではこの「小地域」とは、いかなる範囲を指し示すものなのでしょうか。ちなみに、私たちの「生活圏」の大きさを考えると、表一一―一のようになります。車を使わず、歩いて行ける行動範囲を生活圏にしている人は、この二次生活圏が「小地域」となるでしょう。日頃から車などを用いて広範囲に活動している人にとっては、地域生活圏を「小地域」と受け止めるのが普通です。つまり、「小地域」はその人の生活スタイルと行動範囲によって、それぞれに変わるものなのです。

2節　地域福祉活動の展開

地域の福祉ニーズが複雑・多様化する現在では、民生委員・児童委員だけで要援助者（世帯）への支援活動をすべて担うことはできません。幸い、近年では、行政をはじめ、NPO・農協・生協・企業・教育機関・住民活動団体・宗教団体などあらゆる地域の諸団体や住民が積極的に地域の福祉に参加しています。こうした背景のもと、民生委員・児童委員は、必要に応じて関係する機関や団体と連携して、地域の協力体制のもとで地域福祉活動をすすめていくことが必要になってきます。

また、高齢者や障害者が生活をする上では、福祉のみならず保健・医療分野での援助を必要としています。こうした機関や団体と協働することで、民生委員・児童委員が地域住民にとって頼りになっていきます。

民生委員・児童委員は、住民に一番近い立場でその地域福祉ネットワークの「要」になり、地域福祉を推し進めることが急務といえるでしょう。民生委員・児童委員の地域福祉推進の上でのポイントを整理すると以下のようになります。

●多様化している福祉問題に対応するために、民生委員・児童委員協議会を基盤に市区町村や福祉事務所、児童相談所、学校、保健・医療等の諸機関や社会福祉施設、在宅介護支援センターなどの各種支援センター、ボランティアグループ、自治会等と連携した活動を積極的に展開する。

●市区町村社会福祉協議会と連携し、身近な地域を基盤としたネットワークづくりや福祉のまちづくりなど共体的な事業・活動を進めていく。

●ネットワークづくりにあたっては、民生委員・児童委員、主任児童委員はじめ関係機関・団体と十分意見交換を行い、地域の関係機関・団体等との協働活動を強化する。

3節　民生委員協議会の体制強化

これから民生委員・児童委員活動を充実するためには、その活動推進体制である「民生委員・児童委員協議会」の整備・強化が必要になります。

この場合、①運営体制の確立、②社会的機関としての役割が果たされているか、を点検する必要があります。

①については、規約・会則に整備、部会・委員会の設置、独自予算の確保、活動計画の作成、全員参加による定例会の実施などがその指標となります。

②については、要援助者（世帯）を中心に、住民に対するさまざまな支援活動を進める地域福祉の中枢的な組織として、大きな期待が寄せられています。

これは、法に規定された「福祉行政への参加」の具体的な姿であり、住民の福祉需要を代弁するはたらきといえるものです。

また、民生委員・児童委員協議会活動を強化するためには、一人ひとりの民生委員・児童委員の資質を高めることが必要です。そのためには、日常の定例会での研究・協議の時間を十分にとることと、専門家等との連携による研修活動を強化することが不可欠です。

民生委員・児童委員協議会では、求められる課題に的確に応えていくために、一人ひとりの民生委員・児童委員の積極的な活動とともに、組織的・計画的な地域福祉活動の展開を図り活動を合理的にすすめる必要があります。

合理的な活動を推進するためには、現状を見極め、現実的な目標立てて、段階的に実践を続けることが重要です。そのためには、まず、「計画」を作りましょう。「計画」は、「事前の検討過程」と「計画の策定過程」に大別され、「事前の検討過程」における現状把握と課題整理は、計画の内容そのものを左右する重要な要素です。

4節　あたらしい民生委員のかたち

(一)　地域福祉リーダーとしての会長の役割

民生委員・児童委員協議会は、全ての民生委員・児童委員が一堂に会し、協議を深めることで日常の活動を振り返るとともに、個々の委員の悩みや課題を解決し、新たな活動へと発展させる機能をもっています。ひとり一人の委員がその能力と機能を十分に発揮するために、リーダーである地区民生委員・児童委員協議会の会長は、組織の運営・活動の要としての役割が求められます。

具体的には、各委員の意思統一を図り、チームワークづくりをすすめながら、各委員の力量を最大限に引き出すための民主的な運営を心がける必要があります。各委員の活動状況を把握して、活動の総括・点検・評価をすることで、それぞれの活動の目標と課題を明確にすることが大切です。

そして、民生委員・児童委員協議会として、地域の関係機関・団体との連絡調整機能を十分にとっていきます。

(二) 専門性をもった委員の育成

個々の委員の能力と機能を発揮させるためには、それぞれの委員の役割分担とそれに係わる学習・研鑽、研修への主体的な参加などが不可欠です。

現在、民生委員の相談の状況を見ると、「民生委員・児童委員」というよりも、高齢化の進行に伴い「民生委員・老人委員」と呼ぶに相応しいような状況です。そこで児童問題について「主任児童委員」制度下の主任児童委員と地域担当の児童委員が協力する体制が出来つつあります。

これからは、一人ひとりの民生委員が専門分野を持つ必要があると考えます。高齢者、障害者、貧困、金融などといった相談課題に対応できる知識を深く学び、地域担当委員と協力して、住民の課題解決に当たる必要性があります。

近い将来、これまでの地域担当の委員のほかに、「主任老人委員」、「主任障害委員」や「主任金融委員」といったような専門委員制度の設置も必要ではないでしょうか。

資料編

民生委員法（抄）

昭和二三年七月二九日法律第一九八号
改正　平成一三年一一月三〇日法律第一三五号

第一条　民生委員は、社会奉仕の精神をもつて、常に住民の立場に立つて相談に応じ、及び必要な援助を行い、もつて社会福祉の増進に努めるものとする。

第二条　民生委員は、常に、人格識見の向上と、その職務を行う上に必要な知識及び技術の修得に努めなければならない。

第三条　民生委員は、市（特別区を含む。以下同じ。）町村の区域にこれを置く。

第四条　民生委員の定数は、厚生労働大臣の定める基準に従い、都道府県知事が、前条の区域ごとに、その区域を管轄する市町村長（特別区の区長を含む。以下同じ。）の意見をきいて、これを定める。

第五条　民生委員は、都道府県知事の推薦によつて、厚生労働大臣がこれを委嘱する。

2　前項の都道府県知事の推薦は、市町村に設置された民生委員推薦会が推薦した者について、都道府県に設置された社会福祉法（昭和二十六年法律第四十五号）第七条第一項に規定する地方社会福祉審議会（以下「地方社会福祉審議会」という。）の意見を聴いてこれを行う。

第六条　民生委員推薦会が、民生委員を推薦するに当つては、当該市町村の議会（特別区の議会を含む。以下同じ。）の議員の選挙権を有する者のうち、人格識見高く、広く社会の実情に通じ、且つ、社会福祉の増進に熱意のある者であつて児童福祉法（昭和二十二年法律第百六十四号）の児童委員としても、適当である者について、これを行わなければならない。

2　都道府県知事及び民生委員推薦会は、民生委員の推薦を行うに当たつては、当該推薦に係る者のうちから児童福祉法の主任児童委員として指名されるべき者を明示しなければならない。

第七条　都道府県知事は、民生委員推薦会の推薦した者が、民生委員として適当でないと認めるときは、地方社会福祉審議会の意見を聴いて、その民生委員推薦会に対し、民生委員の再推薦を命ずることができる。

2　前項の規定により都道府県知事が再推薦を命じた場合において、その日から二十日以内に民生委員推薦会が再推薦をしないときは、都道府県知事は、当該市町村長及び地方社会福祉審議会の意見を聴いて、民生委員として適当と認める者を定め、これを厚生労働大臣に推薦することができる。

第八条　民生委員推薦会は、委員若干人でこれを組織する。

2　委員は、当該市町村の区域の実情に通ずる者であつて、次の各号に掲げるもののうちから、それぞれ二人以内を市町村長が委嘱する。

一　市町村の議会の議員

二　民生委員

三　社会福祉事業の実施に関係のある者

四　市町村の区域を単位とする社会福祉関係団体の代表者

五　教育に関係のある者

六　関係行政機関の職員

七　学識経験のある者

3　民生委員推薦会に委員長一人を置く。委員長は、委員の互選とする。

4　前三項に定めるもののほか、委員長及び委員の任期並びに委員長の職務その他民生委員推薦会に関し必要な事項は、政令でこれを定める。

第九条　削除

第十条　民生委員には、給与を支給しないものとし、その任期は、三年とする。ただし、補欠の民生委員の任期は、前任者の残任期間とする。

第十一条　民生委員が左の各号の一に該当する場合においては、厚生労働大臣は、前条の規定にかかわらず、都道府県知事の具申に基いて、これを解嘱することができる。

一　職務の遂行に支障があり、又はこれに堪えない場合

二　職務を怠り、又は職務上の義務に違反した場合

三　民生委員たるにふさわしくない非行のあつた場合

2　都道府県知事が前項の具申をするに当たつては、地方社会福祉審議会の同意を経なければならない。

第十二条　前条第二項の場合において、地方社会福祉審議会は、審査をなすに際して、あらかじめ本人に対してその旨を通告しなければならない。

2　前項の通告を受けた民生委員は、通告を受けた日から二週間以内に、地方社会福祉審議会に対して意見を述べることができる。

3　前項の規定により民生委員が意見を述べた場合には、地方社会福祉審議会は、その意見を聴いた後でなければ審査をなすことができない。

第十三条　民生委員は、その市町村の区域内において、担当の区域又は事項を定めて、その職務を行うものとする。

第十四条　民生委員の職務は、次のとおりとする。

一　住民の生活状態を必要に応じ適切に把握しておくこと。

二　援助を必要とする者がその有する能力に応じ自立した日常生活を営むことができるように生活に関する相談に応じ、助言その他の援助を行うこと。

三　援助を必要とする者が福祉サービスを適切に利用するために必要な情報の提供その他の援助を行うこと。

四　社会福祉を目的とする事業を経営する者又は社会福祉に関する活動を行う者と密接に連携し、その事業又は活動を支援すること。

五　社会福祉法に定める福祉に関する事務所（以下「福祉事務所」という。）その他の関係行政機関の業務に協力すること。

2　民生委員は、前項の職務を行うほか、必要に応じて、住民の福祉の増進を図るための活動を行う。

第十五条　民生委員は、その職務を遂行するに当つては、個人の人格を尊重し、その身上に関する秘密を守り、人種、信条、性別、社会的身分又は門地によつて、差別的又は優先的な取扱をすることなく、且つ、その処理は、実情に即して合理的にこれを行わなければならない。

第十六条　民生委員は、その職務上の地位を政党又は政治的目的のために利用してはならない。

2　前項の規定に違反した民生委員は、第十一条及び第十二条の規定に従い解嘱せられるものとする。

第十七条　民生委員は、その職務に関して、都道府県知事の指揮監督を受ける。

2　市町村長は、民生委員に対し、援助を必要とする者に関する必要な資料の作成を依頼し、その他民生委員の職務に関して必要な指導をすることができる。

第十八条　都道府県知事は、厚生労働大臣の定める基準に従い、民生委員の指導訓練に関して計画を樹立し、これを実施しなければならない。

第十九条　削除

第二十条　民生委員は、都道府県知事が市町村長の意見をきいて定める区域ごとに、民生委員協議会を組織しなければならない。

2　前項の規定による民生委員協議会を組織する区域を定める場合においては、特別の事情のあるときの外、市においてはその区域を数区域に分けた区域をもつて、町村においてはその区域をもつて一区域としなければならない。

第二十一条から第二十三条まで　削除

第二十四条　民生委員協議会の任務は、次のとおりとする。

一　民生委員が担当する区域又は事項を定めること。

二　民生委員の職務に関する連絡及び調整をすること。

三　民生委員の職務に関して福祉事務所その他の関係行政機関との連絡に当たること。

四　必要な資料及び情報を集めること。

五　民生委員をして、その職務に関して必要な知識及び技術の修得をさせること。

六　その他民生委員が職務を遂行するに必要な事項を処理すること。

2　民生委員協議会は、民生委員の職務に関して必要と認める意見を関係各庁に具申することができる。

3　民生委員協議会は、市町村の区域を単位とする社会福祉関係団体の組織に加わることができる。

4　市町村長及び福祉事務所その他の関係行政機関の職員は、民生委員協議会に出席し、意見を述べることができる。

第二十五条　民生委員協議会を組織する民生委員は、その互選により会長一人を定めなければならない。

2　会長は、民生委員協議会の会務をとりまとめ、民生委員協議会を代表する。

3　前二項に定めるもののほか、会長の任期その他会長に関し必要な事項は、政令で定める。

第二十六条　民生委員、民生委員推薦会、民生委員協議会及び民生委員の指導訓練に関する費用は、都道府県がこれを負担する。

第二十七条　削除

第二十八条　国庫は、第二十六条の規定により都道府県が負担した費用のうち、厚生労働大臣の定める事項に関するものについては、予算の範囲内で、その一部を補助することができる。

第二十九条　この法律中都道府県が処理することとされている事務で政令で定めるものは、地方自治法（昭和二十二年法律第六十七号）第二百五十二条の十九第一項の指定都市（以下本条中「指定都市」という。）及び同法第二百五十二条の二十二第一項の中核市（以下本条中「中核市」という。）においては、政令で定めるところにより、指定都市又は中核市（以下本条中「指定都市等」という。）が処理するものとする。この場合においては、この法律中都道府県に関する規定は、指定都市等に関する規定として指定都市等に適用があるものとする。

第二十九条の二　この法律に規定する厚生労働大臣の権限は、厚生労働省令で定めるところにより、地方厚生局長に委任することができる。

2　前項の規定により地方厚生局長に委任された権限は、厚生労働省令で定めるところにより、地方厚生支局長に委任することができる。

〔以下略〕

民生委員・児童委員活動の歴史

西暦（年号）	民生委員・児童委員制度	関連事項
一八七四（明七）年		一二月八日恤救規則制定
一九一七（大六）年	岡山県にて済世顧問制度発足	
一九一八（大七）年	大阪府にて方面委員規定公布（以後、方面委員制度が各地に普及）	
一九二八（昭三）年	方面委員制度が全府県に普及	
一九二九（昭四）年		四月二日救護法制定・公布→施行は七年一月一日
一九三二（昭七）年	全日本方面委員聯盟発足	
一九三六（昭一一）年	一一月一三日方面委員令制定・公布（方面委員制度が全国統一の制度となる）→施行は昭和一二年一月一五日、任期は四年	
一九四六（昭二一）年	一一月六日全日本民生委員連盟（全民連）発足（全日本方面委員聯盟を改組）	九月九日生活保護法制定・公布→施行は一〇月一日（救護法廃止、民生委員は保護事務について市町村長の補助機関と位置づけ） 九月一三日民生委員令制定・公布→施行は同年一〇月一日、任期は二年（方面委員令廃止、方面委員は民生委員と改称される）

一九四七（昭二二）年		児童福祉法制定（民生委員は児童委員も兼任することに）
一九四八（昭二三）年	七月二九日民生委員法制定・公布、即日施行、任期は三年（民生委員令廃止）	
一九四九（昭二四）年	「公的保護事務に於ける民生（児童）委員の活動範囲」（通知）民生委員は保護実施の補助機関から協力機関に）	身体障害者福祉法制定
一九五〇（昭二五）年		新たな生活保護法が公布
一九五一（昭二六）年	全日本民生委員連盟は、中央社会福祉協議会の発足への参加を決定	中央社会福祉協議会設置（のちの社会福祉法人全国社会福祉協議会） 社会福祉事業法制定
一九五二（昭二七）年	全日本民生委員連盟解散（中央社協には民生事業委員会を常設、全民連事業を中央社協の民生委員部に引き継ぐ） 民生委員一人一世帯更生運動の全国的実践申し合わせを決議	中央社会福祉協議会、社会福祉法人全国社会福祉協議会連合会に改組
一九五五（昭三〇）年	全国社会福祉協議会連合会を全国社会福祉協議会に改組 世帯更生資金貸付制度創設（民生委員の低所得者対策活動の有用な資源となる）	民生事業委員会は、民生児童委員協議会に改組（のち民生委員児童委員協議会、全国民生委員児童委員協議会へと改組）
一九五六（昭三一）年		売春防止法公布（民生委員の協力が規定）
一九五八（昭三三）年		国民健康保険法制定
一九五九（昭三四）年		国民年金法制定
一九六〇（昭三五）年	民児協総務制度設置	精神薄弱者福祉法制定

一九六一（昭三六）年　世帯更生資金貸付制度創設
世帯更生運動をしあわせを高める運動に改称
民生委員・児童委員活動メモの記録始まる（活動状況を厚生省に報告）

一九六三（昭三八）年　老人福祉法制定
一九六四（昭三九）年　母子福祉法制定
一九六五（昭四〇）年　母子保健法制定
一九六八（昭四三）年　全国一斉調査「ねたきり老人の実態」発表
一九七〇（昭四五）年　心身障害者対策基本法制定
「丈夫な子どもを育てる母親運動」を全国的に展開
一九七三（昭四八）年　孤独死老人ゼロ運動を全国的に展開
「低所得者、生活困難者等に対する緊急生活援護対策に関する国会請求運動」を全国的に展開
一九七七（昭五二）年　「在宅ねたきり老人介護者の実態調査」
「民生委員・児童委員の日」制定→民生委員制度創設六〇周年を期して、全国民生委員児童委員協議会が制定
一九七八（昭五三）年　「老人介護実態調査最終報告」（一八万世帯の把握）
一九八一（昭五六）年　母子及び寡婦福祉法制定（母子福祉法から改正）
一九八二（昭五七）年　老人保健法制定
一九八四（昭五九）年　「心豊かな子どもを育てる運動」を決定
一九八五（昭六〇）年　「在宅痴呆性老人の介護者実態調査」実施
一九八七（昭六二）年　精神保健法制定（精神衛生法から改正）
「在宅痴呆性老人の介護者実態調査」最終報告（三万一千世帯の把握）
一九八九（平元）年　高齢者保健福祉推進十か年戦略（ゴールドプラン）

		策定
一九九〇（平二）年		生活福祉資金貸付制度創設（世帯更生資金貸付制度を改称） 福祉関係八法改正（児童福祉法、母子及び寡婦福祉法、精神薄弱者福祉法、身体障害者福祉法、老人福祉法、老人保健法、社会福祉事業法、社会福祉・医療事業団法）
一九九一（平三）年		育児休業法制定
一九九二（平四）年	（全国民生委員児童委員協議会を改称）	全国民生委員児童委員連合会（全民児連）発足
一九九三（平五）年		障害者基本法制定（心身障害者対策基本法を改正）
一九九四（平六）年	主任児童委員制度発足	地域保健法制定 今後の子育て支援のための施策の基本的方向（エンゼルプラン）策定 高齢者保健福祉推進十か年戦略の見直しについて（新ゴールドプラン）策定
一九九五（平七）年	新・民生委員信条策定（この年の広島大会から）	精神保健及び精神障害者福祉に関する法律制定（精神保健法から改正） 障害者プラン～ノーマライゼーション七か年計画策定
一九九七（平九）年		介護保険法制定（平成一二年施行）
一九九八（平一〇）年		特定非営利活動促進法（NPO法）制定
一九九九（平一一）年	全民児連大会で児童虐待防止緊急アピールを決議	今後五か年間の高齢者保健福祉施策の方向（ゴールドプラン二一）策定

		重点的に推進すべき少子化対策の具体的計画（新エンゼルプラン）策定
二〇〇〇(平一二)年	民生委員法・児童福祉法等七法改正、社会福祉法制定（社会福祉事業法を改正）（名誉職規定削除、民児協総務は「会長」と呼称変更、等） 「社会的な援護を要する人々に対する社会福祉のあり方に関する検討会」が報告書を策定	成年後見制度の改正・地域福祉権利擁護事業の開始 介護保険法施行 児童虐待の防止等に関する法律制定
二〇〇一(平一三)年	子どもや子育て家庭の立場に立った児童委員活動の推進に向けて―全国児童委員活動強化推進方策―の策定 民生委員・児童委員の定数基準について（通知）（主任児童委員の複数配置実現） 全民児連組織再編（規定改正、部会・委員会組織再編）	省庁再編（一府一二省庁に）、厚生省は厚生労働省に 配偶者からの暴力の防止及び被害者の保護に関する法律（DV法）制定 児童福祉法改正（児童委員職務の明確化と主任児童委員の法制化）
二〇〇二(平一四)年		ホームレスの自立の支援等に関する特別措置法制定 少子化対策プラスワン策定

著者紹介

松藤 和生（まつふじ・かずき）

〔現　職〕
KT福祉研究所代表。エイデル研究所インストラクター。敬愛大学講師。中央介護福祉専門学校講師。国立病院機構千葉医療センター附属看護学校非常勤講師。千葉県立医療技術大学校第一看護科非常勤講師。長野県福祉サービス第三者評価推進委員会委員。長野県ボランティア地域活動センター運営委員。千葉市ボランティアセンター運営委員。
KT福祉研究所ホームページ　http://www.d2.dion.ne.jp/~ktfukusi

〔経　歴〕
淑徳大学社会福祉学部卒。千葉市社会福祉協議会に12年勤務後、両親の介護のため、退職「介護生活」を1年。その後、福祉・介護系専門学校講師を経て、研究機関で調査・研究活動に入る。現在は、福祉・ボランティア関係の研究活動をする傍ら、大学・専門学校での講義や社会福祉協議会・福祉施設職員・民生委員などを対象とした研修講師、全国各地で福祉全般に関する講演活動を行っている。

〔主要図書〕
『KT式 新説ボランティア概論』共著（エイデル研究所）
『いちばんはじめの社会福祉』共著（樹村房）
『いちばんはじめのボランティア』共編著（樹村房）

宮内 克代（みやうち・かつよ）

〔現　職〕
埼玉学園大学人間学部子ども発達学科准教授。エイデル研究所インストラクター。
東京都福祉施設第三者評価認定評価者。

〔経　歴〕
早稲田大学教育学部社会教育専修卒。ボストン大学院スクール・オブ・ソーシャルワークにて、社会福祉修士号取得。大正大学大学院社会福祉専攻博士課程修了。宇都宮短期大学人間福祉学科講師を経て現職。専門分野は、福祉施設アドミニストレーション、施設評価、業務標準化、社会福祉援助技術など。

〔主要図書〕
『新六法・別冊　高齢者福祉政策の動向』共著（三省堂）
『介護福祉施設ソーシャルワーカー・ガイドブック』共訳（中央法規）
『事例で学ぶ　社会福祉援助技術』共著（学文社）
『福祉職場における業務標準化のためのマニュアルモデル』共著（東京都社会福祉協議会）

福祉経営選書3　**民生委員・児童委員の自己研修テキスト**
―相談・支援の効果的な進め方―

2005年9月1日　初刷発行
2015年6月1日　第3刷発行

著　　者　松藤 和生・宮内 克代
発 行 者　大塚 智孝
印刷・製本　中央精版印刷株式会社

発 行 所　株式会社エイデル研究所
〒102－0073　東京都千代田区九段北4－1－9
TEL　03(3234)4641
FAX　03(3234)4644

ISBN978-4-87168-395-1　C3036

エイデル研究所・福祉経営選書シリーズ

福祉経営選書1

福祉職場のOJTとリーダーシップ

宮崎民雄・著

A5判 144頁 定価：本体1429円＋税
ISBN4-87168-327-3 C3034 ￥1429E

第1部　OJTとリーダーシップ
第2部　実践ケーススタディ

1. 管理者·指導的職員の役割とOJT／2. 新任職員の受け入れと戦力化／3. 中堅職員を伸ばすOJT／4. 組織の活性化とベテラン職員へのOJT／5. パート·非常勤職員へのOJT／6. 業務計画の策定とOJT／7. サービスマナーを高める／8. ホウレンソウの活性化とOJT／9. 仕事の改善、問題意識を育てる／10. 人事考課の導入と考課者研修の進め方／11. 職場リーダーを育てる／12. 指導的職員としての自己開発

福祉経営選書2

福祉職場のマネジメント

宮崎民雄・著

A5判 176頁 定価：本体1429円＋税
ISBN4-87168-342-7 C3034 ￥1429E

第1部　マネジメントの基本コンセプト

1. 新しいマネジメントを構想する／2. 戦略思考のマネジメントを推進する／3. 業務標準を徹底し、効率化を推進する／4. 日常の問題解決を徹底する／5. 会議·ミーティングを効果的に運営する／6. 目標管理·面接制度を推進する／7. 新しい人事管理システムの構築と人事考課／8. 固有の理念、目標を実現する職員研修の推進／9. OJTを組織化し、「意図的OJT」を推進する／10. 福祉経営とマーケティング戦略の推進／11. 事業の透明性の確保、苦情解決を積極的に推進する／12. 「主導的経営」を推進できるリーダーシップの開発をめざす

第2部　実践ケーススタディ『新任施設長の12カ月』
